高校高水平田径运动队

建设与发展

洪艳玲 著

Wuhan University Press
武汉大学出版社

图书在版编目（CIP）数据

高校高水平田径运动队建设与发展 / 洪艳玲著. — 武汉：武汉大学出版社，2020.9（2023.8重印）

ISBN 978-7-307-21809-3

Ⅰ．高… Ⅱ．洪… Ⅲ．高等学校－田径运动－运动队－研究－中国 Ⅳ．G82

中国版本图书馆 CIP 数据核字 (2020) 第 184609 号

责任编辑：黄朝昉　　　　责任校对：牟　丹　　　　版式设计：黄司明

出版发行：**武汉大学出版社**（430072　武昌　珞珈山）

（电子邮箱：cbs22@whu.edu.cn　网址：www.wdp.com.cn）

印刷：廊坊市海涛印刷有限公司

开本：880×1230　1/32　　　　印张：6.25　　　字数：150千字

版次：2020年9月第1版　　　2023年8月第2次印刷

ISBN 978-7-307-21809-3　　　定价：48.00元

前 言

　　田径运动作为体育运动项目的基础,是衡量一个国家或地区竞技体育水平高低的标志,是体现一个国家或地区竞技体育实力强弱最直观、最快速的方式,也是运动项目中最公正、最精彩、最激动人心的竞技比赛之一。各个国家或地区都非常重视田径运动的开展。田径运动是一项集力量与速度于一体的高强度运动项目,其运动项目之多,看点之多,一直是奥运会及各大世界高级别比赛中一个重要的项目大类,具有非常高的观赏性。

　　田径运动除具有体育功能外,同时对人体也有非常大的益处。田径运动对于增进人的新陈代谢、协调神经系统与运动器官之间的联系,全面发展力量、速度、耐力、灵敏、协调等身体素质,促进正常发育、提高健康水平,具有其他运动方式无法替代的作用。

　　高校体育历来是高校教育不可分割的组成部分,田径运动在高校体育中有着战略性的地位。这种战略性地位表现为两个方面:其一,田径运动是一个国家体育运动水平的显著标志,而高校体育是竞技体育的基础,很多优秀运动员通常首先在高校中涌现出来。因此,世界上的各个体育强国无不将高校作为培养后备人才的基地,同时重视高校高水平运动队的建设,充分挖掘和发挥学校体育资源的潜在优势。其二,田径运动作为体育运动的基石,其运动项目多,范围广。在高校中大力发展田径运动,能增强大学生的体质,锤炼大学生的意志,增进集体向心力,焕发校园精神风采,以大学生为切入点,推进全民健身的热潮。

自 1987 年 4 月 9 日国家教委(今教育部)发布《关于部分普通高校试行招收高水平运动员工作的通知》以来,我国高校纷纷建立起自己的高水平田径运动队,其竞技运动水平也在不断提高,先后培养出一批优秀运动员,对我国竞技体育的发展起到了一定的推动作用。但同时,由于受到生源渠道和管理体制等各种因素的制约,目前高校高水平田径运动的整体实力还难以达到国内先进行列。因此,加大高校高水平田径运动队的建设力度,加快提高高校高水平田径运动的发展水平,已是高校乃至我国田径界应思考解决的重要问题。研究高校高水平田径运动队的建设与发展路径,具有重要的战略意义。

目 录

第一章 高校高水平田径运动队概述

第一节 高水平田径运动队发展历程

20世纪80年代,我国竞技体育事业飞速发展,以"三级训练"为基础的竞技体育人才培养体系,为我国培养出一批又一批优秀的竞技体育人才。1986年10月,国家教委(今国家教育部)、国家体委(今国家体育总局)联合印发了《关于开展课余体育训练,提高学校体育运动技术水平的规划》的通知,规划中确定了1986—2000年学校课余体育训练的奋斗目标:要求学校积极开展课余体育训练,发现、培养优秀体育人才;参加国内外体育活动和体育竞赛,促进校际和国际学校体育的交流;组建全国高校高水平田径运动队,参加世界大学生的体育比赛。根据我国高校高水平田径运动队的发展规律和过程,可以将其分成如下阶段。

一、摸索阶段

为在21世纪内把我国建设成为社会主义体育强国,1984年,中共中央发布了《关于进一步发展体育运动的通知》,提出了体育要从少年儿童抓起,重点抓好学校体育教育,在增强体质的同时,积极开展课余训练。1987年,国家教委专门确立了

51所院校,试办高水平田径运动队,各校开始建立运动队,除招收体校运动员之外,还在学校挖掘有特长的学生加入高水平田径运动队训练。我国试办高水平田径运动队,是为了进一步培养具有在亚运会、世界大运会,特别是奥运会上争金夺银,为国争光的一流体育人才,但是在队伍建设初始阶段,由于缺乏经验,遇到了很多困难。只注重省(市)大运会及全国大运会,加之学校资金投入不足,场地设施比较落后,教练水平偏低等原因,田径运动技术水平起色不大,这种目标偏差是显而易见的。

二、拓展阶段

进入20世纪90年代,在总结试办经验的基础上,高校高水平田径运动队步入了一个新的建设与发展时期。运动队管理能力不断加强,资金投入不断加大,教练员的业务水平越来越高,科研能力越来越强,奖惩制度越来越严格,招生渠道越来越宽,田径运动队逐步走上正规化和系统化。为了进一步提高田径运动水平,大量高校通过资源共享的方式,联合办学,展开了新一轮竞争,于是,全国大运会技战术水平大大提升,比赛纪录不断刷新,竞赛场上一片朝气蓬勃的景象。1995年,国家教委决定,把试办高水平田径运动队拓展到53所院校。可见,联合办学对提高高校高水平田径运动队整体水平是起到关键作用的,不过,这也滋生了部分院校"拿来主义"的思想。专业队的运动员大学生取代在校大学生运动员比赛资格这种做法,导致本校运动队的管理及学校管理层的触角无法时刻顾及运动员大学生。因此,缺乏对运动员大学生必要的约束及管理这种现象一直困扰着学校管理者。

三、发展阶段

在全球化的推动下,我国从国外高水平田径队身上进行了广泛的学习和吸收,并获得了先进的管理经验,逐步形成了自己的管理特色,管理模式呈现出多样化特征:绝大多数院校坚持自己的办队理念,一部分院校采取与专业队联合,还有一部分采取二者兼顾,甚至有一部分完全采取专业队挂靠形式,但整个发展呈现自己办高水平田径运动队一体化的趋势。在资金方面,不再是等、靠、要上级部门拨款了,而是拓宽资金来源渠道,让社会与企业资金加入进来,为高水平田径运动队的管理建设注入了新的活力。在少数学校里,专职教练员、外聘教练员和专门的科研攻关小组逐渐出现,体育竞赛的改革逐渐进入尝试期,1991年全国大学生田径锦标赛的成功举办,标志着我国高校竞技体育迈向社会,高校自己培养的田径运动员开始在国内外大型赛事上争金夺银,崭露头角。这一阶段为此后高校高水平田径运动队的进一步提高和发展奠定了坚实的基础。当然,成绩背后的问题也有不少,例如:大量的优质体育人才流入清华、北大等全国著名高校;多数院校的训练条件、资金问题还不尽如人意;教练员多数处于兼职状态;大学生运动员就业相当困难,招生、学习、训练与就业矛盾不断升级。

四、变革阶段

随着21世纪的到来,人们越来越重视竞技体育的发展,许多高校改变了培养竞技体育人才的观念。越来越多的高校开始关注自我对体育人才的培养,而把引进体育人才放在次要位置,体教结合模式得到广泛重视,高校高水平田径运动队的运动员普遍具有较高的文化知识和良好的运动技能。

高水平运动员也大量涌现,不同高校形成了各具特色的办队之路,特别是清华大学、华东理工大学、南开大学、北京理工大学等,他们的办队经验成为培养高水平田径运动员的新模式。

2003年,教育部组织世界大学生运动会,增强了人们办好高校高水平田径运动队的信心。面对机遇和挑战,教育部有关部门与大学生体育协会多次组织研讨会,专门针对定位布局、学籍管理、竞赛体制管理、体教结合、市场运作、激励机制等战略问题进行讨论,为高校高水平田径运动队的健康发展保驾护航。[①]

第二节 高校高水平田径运动队发展现状

高校高水平田径队的发展是当今竞技体育的发展趋势。我国高校高水平田径运动队与国外高水平田径运动队的发展还存在一定差距。分析我国高校高水平田径运动队的发展现状,有助于提高我国高水平田径运动队的建设水平。

一、招生情况

从高校高水平田径运动队的招生情况来看,现在高校高水平田径运动队中的队员来自"中学优秀运动员"及"各级体校队员"的比例较高,也就是说当前我国高校高水平田径运动队

---

①陈丹,陈娟,何淑娟.我国普通高校田径高水平运动队建设研究[J].内江科技,2013,34(03):97+61.

中的队员多为"中学优秀运动员"及"各级体校队员",而专业队退役队员极少。

高水平运动员入学时,可给予一定优惠录取政策,这是国内外高校的通行办法,国家教育部在这方面是有明确规定的。我国大多数高校在招收优秀田径运动员时也严格贯彻落实了优惠录取政策。各高校在招收运动员时,要以二级运动员为基本,进行录取,这是国家教育部对普通高等学校高水平运动员的要求,诸如北京大学等著名大学,这类田径水平较高的运动员入学时,通常要具备一级运动员以上水平,这才体现了田径运动队的高水平。①

二、经费来源

训练、竞赛及后勤,是高校高水平田径运动队经费所需的三大部分。训练经费包括器材、场地以及训练津贴,等等;后勤经费则包括住宿、伙食,等等;竞赛方面的经费相当复杂,不确定性较多。

经费不足是绝大多数高校运动队的老大难问题,最缺乏的主要集中在运动员和教练员的训练补贴、比赛经费等方面,教练员还有工资待遇,而大学生运动员只能靠奖学金、助学金等,与专业队员的工资、津贴差距依然很大。

训练与竞赛的经费缺乏,主要是由于大多数高校对田径运动队投入不足,再加上目前我国整体田径水平不高,竞赛体制不够完善,难以像职业体育那样吸引社会资金的投入。

从经费来源分析,除那些田径水平较高的院校才能真正吸

---

①戴旭阳. 湖南省高校高水平田径运动员发展困境及对策研究[D]. 长沙:湖南师范大学,2015.

引到社会赞助,大量普通高校的运动队经费依然是学校下拨的,可见我国大部分高校田径运动队,高度依赖学校的下拨经费。

从我国的实际情况出发,大多数高校都在寻找专业队合作,吸收体育系统资金进入院校体系,体教结合特色正在我国逐渐完善。

三、学训矛盾

长期以来,高校体育的课程安排存在着学习与训练之间的矛盾,这使得高校田径运动队的教学与训练管理存在一定的困难。要改善这一点,重要的是要在学习与训练之间取得平衡,并为高校大学生运动员在学业上给予一定程度的政策优惠,确保其学习与训练之间的平衡。

如何保证充足的训练时间,是我国许多高校田径教练员一直面临的主要困难。多数学校田径队每周训练时间在 10 ~ 15h 及 10h 以下,每周训练 15 ~ 20h 及以上的高校占比较少。

竞技体育界存在一个普遍的观点,那就是通过大量的训练时间,可以得到高水平的竞技成绩。但是高校田径运动队在这方面与专业运动队是无法相比的,专业运动队一周的训练时间通常在 30h 以上,而高校大学生运动员还要兼顾学业,因此,高校田径运动队教练员要转变训练观念,把训练重点侧重放在训练效率和训练方法上的进一步提高上。

如果从学习与训练的管理主体考虑,多数高校运动队由体育教研部负责,而运动员的学习与普通大学生一样,也受教务处的管理,一旦这两个部门沟通不畅,就可能出现学训矛盾。

我国多数院校的考试采用做加法的方式,而在美国等体育发达的国家里,绝大多数高校采取的优惠政策仅仅是给予奖学金或助学金、减免学费、优先选择班级等,课程及学分方面的优惠政策较少。

四、与专业队的关系

高水平运动队成立以来,与专业队之间就一直存在一定的关系,有合作也有矛盾。合作主要体现在高校招收了一些现役或退役队员进入高校学习,合作培养高水平运动员,为高校运动队水平的提高提供了帮助。矛盾则体现在专业队不愿意让现役队员去高校,而是采用了"挂学籍"的形式,使高校在管理上无法插手,或者难以插手,"挂学籍"现象让我国"体教结合"陷入困境。

五、竞赛制度

在我国,高校高水平田径运动队与专业队还存在着对竞赛体质的依赖。目前,我国大学生体育竞赛还处于起步阶段,高校田径赛事主要有全国大学生运动会、全国大学生田径锦标赛等,除此之外,其他赛事较少。因此,高校逐渐将自己培养的高水平运动员,注册到某省、市,参加国家体育总局田径管理中心,以及各省市体育局举办的各种赛事。目前,我国高校田径竞赛体制还有待进一步完善,最缺乏的是校际间区域性、自主性的竞赛交流,而这恰恰是完善高校田径竞赛体制的基础。

六、教练员水平

目前,我国高校田径教练员大多毕业于体育院校,拥有高水平专业训练经历的人不多,这些教练员尽管具备训练理论知识,但缺乏实践经验。还需要认清一个事实,目前我国高校田径运动队的教练一般都兼有其他课程的教学任务,并非真正意义上的"专业教练"。从这个意义上来讲,只有加大对专职教练员的引进和培养,才有可能提高我国高校高水平田径运动队水平。

七、后勤保障

我国许多高校受到专业队"保姆"式的后勤管理方式影响,尽量为大学生运动员安排优越的生活条件,以便其更好地进行训练,但是,正因为如此,也会让运动员失去了一些丰富多彩的校园生活。要知道,高校竞技体育教育,不仅仅是培养单一竞技技能的运动员,更是要培养全面发展的大学生,使其成为合格的社会人才。从长远发展来看,"保姆"式的后勤管理对大学生运动员的全面发展并无益处。

第三节 高校高水平田径运动队目标定位

高校高水平田径运动队目标定位应该包括以下几个方面:以人为本,促进高校田径运动工作的全面发展,带动全体学生参加体育锻炼,丰富校园文化;参加国内外体育活动和田径运动竞赛,促进校际和国际间学校的体育交流;使高校成为我国培养高水平田径运动人才的重要基地,培养出一批在国际性比赛中取得优异运动成绩的高水平田径学生运动员;以市场经济规律为指导,使我国高校高水平田径运动队运作更加社会化、市场化,能够自我造血,自负盈亏,为我国学校竞技体育的可持续性发展提供物质保证;真正建立起一个与我国高等教育体制和体育体制发展相适应的,既富效率又讲公平的高校高水平田径运动队新体系。

一、我国高校高水平田径运动队目标定位的意义

我国高校高水平田径运动队是一个有组织、有行为的团体,而任何组织行为均以达到一定的目标为准则,所以我国高校高水平田径运动队也应当确立自己的目标。目标是指激发人们行为的、预期要求达到的目的或结果。同理,高校高水平田径运动队的发展目标就是指高校高水平田径运动队预期要求达到的目的或结果,是高校高水平田径运动队的发展方向和奋斗目标,是高校高水平田径运动队建设与发展思想的具体化。目标既是发展和改革的依据和出发点,更是发展和改革所要达到的预期终点。

高校高水平田径运动队发展目标的构建,实际上就是明确了高校高水平田径运动队及队内各成员共同努力的方向。高校高水平田径运动队目标的确定可以看作一种沟通的方式,这种沟通体现在组织成员之间,大家为了一个共同的目标走进了一个组织内,明确了组织目标,也就明确了各成员自己的目标,明确了自己该做什么。这种沟通还体现在组织与上级管理部门之间,由于高校高水平田径运动队与上级管理组织之间有着内在的联系,因此高校高水平田径运动队成员一开始就清楚开展高水平田径运动是为实现组织的既定目标服务。

目标的确定还可以产生一定的激励作用。这种激励具体表现为对高校高水平田径运动队成员的激励,因为每个成员都有自己一定的目标,然而无论是在自觉或不自觉的、在明确的或含糊的状态下,运动队成员总是根据总目标来调整自己的努力程度。因此,发展目标的确定,可以促使成员调整自己的目标,使成员目标与团队目标达成一致,这在一定程度上可以激励高校高水平田径运动队成员为实现目标而努力。另外,确定高校高水平田径运动队的发展目标也为制订发展计划与采取措施打下了基础,并为发展计划指明了方向。

总之,确定高校高水平田径运动队发展目标对我国高校高水平田径运动能否取得成功非常重要,因为评价高校高水平田径运动队发展是否成功,通常是以该团队的目标是否实现为基准。如果没有明确的目标,团队成员将不清楚该团队是否处在通向成功的道路上;如果没有明确的目标,也很难评估高校高水平田径运动队发展的结果是否与期望相符;如果没有明确的目标,高校高水平田径运动队内部各成员目标的确定难以与团队的整体目标相联系。所以,高校高水平田径运动队的发展目标定位是非常关键的。

二、我国高校高水平田径运动队建设与发展目标定位的依据

我国高校高水平田径运动队的发展目标必须有一定的依据,而且这种依据还要和高校高水平田径运动队的发展休戚相关,紧密联系。我们可以从三个方面来论述我国高校高水平田径运动队建设与发展目标定位的依据。

(一)紧跟我国教育事业和体育事业的发展远景规划

我国高校高水平田径运动的发展是依附于我国教育事业

和体育事业的发展,以这两项事业的发展为载体的,这两项事业的发展状况如何、发展方向如何将直接决定着高校高水平田径运动发展的方向、水平和能力。因此在制定高校高水平田径运动队的发展目标时,应当以它背后的主体——教育与体育事业的发展方向为依据。

当前,是我国经济社会发展的重要时期。因此,教育在一段时期内,必须坚定不移地实施科教兴国战略,抓紧完成并不断深化各项重大教育改革,加速教育事业的发展,把人力资源作为国家资源的重要组成部分,全面提高国民素质,培养大量具有创新精神和实践能力的人才,千方百计缩小同一些发达国家的差距,为我国经济社会的快速、持续、健康发展做出应有的历史性贡献。这是我国教育事业的总体发展趋势。

我国高等学校通过实行管理体制改革,中央政府只管理少数有代表性的骨干学校和一些行业性强、地方政府不便管理的学校,较多的学校要转由地方政府管理或以地方管理为主。高校运行机制改革要根据地区间发展不平衡的实际,转变政府职能,由对学校的直接行政管理,转变为运用立法、规划、拨款、信息服务、政策指导和必要的行政手段等,进行宏观管理,确立和落实学校面向社会自主办学的法人实体地位。在教育经费方面,保证教育投入,提高投资效益。进一步发展和完善以各级政府财政拨款为主,辅之以征收教育税费、收取非义务教育阶段学杂费、发展校办产业,鼓励社会捐资、集资和设立教育基金等渠道筹措教育经费体制,使教育经费投入有较大增加。

高等教育要努力深化教育、教学改革,不断增强办学活力。全面完成高等教育管理体制改革和布局结构调整。进一步理顺学校和政府的关系,依法落实和规范学校的办学自主权。深化办学体制改革,拓宽办学渠道,增加新的教育资源,以各种形式扩大办学规模。允许学校根据条件实行弹性修业年限和更加灵活的学分制。允许学生分阶段完成学业。允许地方院校自主跨地区招生。遵循教育规律,适当运用市场手段,引入竞争激励机制。学校应主动面向社会,不断改进内部管理,提高教育质量和办学效益,增强为社会服务的能力。

我国教育事业未来的发展状况是在过去取得成果的基础上,一如既往地将改革向纵深发展。表现在:教育重视的力度加大;教育规模逐渐扩大;教育管理体制、运行机制改革逐步深入;教育经费投入多样化,力度加大;教育活力增强,学校办学自主权全面落实。教育事业的发展趋势对高校高水平田径运动队的进步提供了更有利的环境。

我国体育事业在未来的发展情况如何?是否依然给高校高水平田径运动队的发展提供便利的条件?对于这一问题的回答在相当多的文件和规划中做了相关论述,其中《中共中央国务院关于进一步加强和改进新时期体育工作的意见》对今后相当长时期我国体育事业的发展提出了明确的指导思想、工作方针和总体要求。

我国体育改革与发展的总目标是:建立与社会主义市场经济体制相适应的、符合体育发展规律的体育体制和运行机制,初步形成中国特色的社会主义体育组织体系。国民体质主要指标在经济发达地区达到中等发达国家的平均水平,在经济欠发达地区达到发展中国家的平均水平;竞技体育的优势项目有所拓展,总体实力进一步增强;体育社会化、科学化、产业化、法制化程度明显提高,为在21世纪中叶基本实现体育现代化打下坚实基础。

为了实现上述目标,又有以下要求:①要加强竞技体育后备人才培养。加快训练体制改革,建立适应社会主义市场经济体制的后备人才培养体系。②要调动社会力量办体育。鼓励和支持社会团体、民间组织和公民个人依法兴办体育,推动依法成立的体育社会团体开展体育活动。加快建立体育社会中介组织,由其承担不应由国家直接管理的体育事务。形成社会各界共同参与体育发展的氛围。③要继续推进体育行政管理机构改革。进一步明确政府和社会的事权划分,实现政事分开,管办分离,把不应由政府行使的职能和社会能够办的事逐步转移给事业单位、社会团体和社会中介组织。④要深化运动项目管理体制改革。运动项目管理体制改革是体育管理体制改革的中心环节。继续推动协会制改革,逐步理顺各级体育组织机构的关系,加快训练体制、竞赛体制等方面的配套改革。在进一步完善我国运动项目管理体制和运行机制的基础上,逐步建立具有中国特色的协会制。

《中共中央国务院关于进一步加强和改进新时期体育工作的意见》在分析新时期体育在我国经济社会发展中的重要地位和作用,以及我国体育事业所处的历史机遇和面临的挑战的基础上,对新时期我国体育事业的发展提出了建设性的意见。要大力推进全民健身计划,构建多元化体育服务体系;全面实施竞技体育发展战略,进一步提升我国竞技运动水平;继续深化体育体制改革,促进运行机制转换;切实加强对体育工作的领导。

从我国体育事业未来发展的规划中可以发现,我国今后体育事业的发展也是在目前这种基础上继续扩大改革成果,体现出政策和规划的一致性和连续性,这对我国体育事业各方面的发展提供了稳定的体育发展环境。但同时也反映出在将来的一段时期,我国竞技体育仍以体育系统为主,其他系统为辅的发展趋势。要进一步发挥社会主义制度的优越性,坚持和完善举国体制,明确中央和地方发展竞技体育的责任,充分调动中央和地方以及社会各方面的积极性,在充分发挥竞争机制的基础上,把全国体育资源更好地整合起来。

总体来说,不管是从管理体制,还是运行机制;不管是从国家主体,还是社会化方面,教育事业和体育事业未来的发展将会给我国高校高水平田径运动队的发展提供更宽松的环境和便利的条件,教育和体育事业的改革与发展将会带动高校高水平田径运动队的发展,会给我国高校高水平田径运动队的发展提供一个更广泛、更有支持力度的发展空间和发展平台。

(二)以我国高校高水平田径运动队的现实情况为基础

我国高校高水平田径运动队建设与发展的目标定位还必须以我国大学竞技体育发展的现实情况为基础,因为只有这样才能使我国高校高水平田径运动队的发展具有一致性、连贯性、延续性;只有这样才能使我国高校高水平田径运动队的发展建立在过去的基础上,使我国高校高水平田径运动队未来的发展目标有着深厚的根基。

目前在对发展高校高水平田径运动队的重要性上,大多数

人持有的观点是,认为高校高水平田径运动队的发展有助于
提高我国的竞技运动水平,能积极推动学校课余体育活动的
开展,能有效地提高学校的声誉,能丰富校园文化生活,能为
各行各业培养复合型有文化的高级体育人才,能给学校带来
较好的经济效益。在我国体育和教育事业大发展的同时,也
给我国高校高水平田径运动队的发展创造了良好的环境,如
国家对田径运动的重视程度,在体育改革中提出的一些认识
理念:体育要社会化、产业化、法制化等;在机构改革中采取的
社团、协会实体化;在训练竞赛体制上推出的职业化等。又如
在教育方面,国家提出的"科教兴国"战略;高等教育办学自主
权的扩大;管理体制的改革以及办学体制和投资体制的改革
等均为我国高校高水平田径运动队的发展提供了良好的空
间。在高校内部,各高校校长也非常重视高水平田径运动的
开展,高校形成了一定的田径运动传统,建设了一批能满足田
径运动需求的现代化体育场馆。这些利于发展大学竞技体育
的认识观念和良好的环境,给我国高校高水平田径运动队的
发展提供了契机。但是也应当看到我国高校高水平田径运动
队在目前的发展上,还存在着许多问题,人们在识别决定我国
高校高水平田径运动队发展因素的同时,也发现对这些因素
的解决还远不能满足我国高校高水平田径运动队发展的需
求。如当前我国高校高水平田径运动队存在着以下问题:管
理体制不完善,组织管理结构单一,管理法规不健全;高校高
水平田径运动队教练员运动经历不足,执教水平不高;学生运
动员生源难,运动水平不高,文化成绩也不理想;高校高水平
田径运动队经费来源单一,数量不多;高校高水平田径运动队

参赛次数较少,校际体育竞赛体系没有形成;高校高水平田径运动项目布局欠合理,不能有效地促进运动水平的提高和运动项目的广泛开展等。诸如此类的上述问题还严重困扰着我国高校高水平田径运动队的发展,所以我国大学竞技体育发展目标的制定不得不考虑这些现实的难题。

(三)借鉴和参考国外高校高水平田径运动队建设与发展的成功经验

确定我国高校高水平田径运动队建设与发展的目标定位时,还应当借鉴和参考国外高校高水平田径运动队的成功经验。因为国外有一些国家开展高校高水平田径运动年代较早,发展时间较长,他们在高校高水平田径运动发展方面积累了丰富的经验,取得了一定的成就。这些国家如美国、加拿大、澳大利亚、新西兰、韩国等,其中美国高校高水平田径运动队开展得最好。从高校高水平田径运动队发展目标构建的需求来看,可以借鉴这些国家对高校高水平田径运动队发展的理解、认识理念、目标内容、操作方法、组织管理等,把这些方面成功经验的借鉴反映到我国高校高水平田径运动队建设与发展的目标定位中,可以保证我国高校高水平田径运动队建设与发展的关系顺畅,方向正确。

在对高校高水平田径运动队发展的认识方面,国外学者认为高校高水平田径运动队在三个方面对大学有利:①高校高水平田径运动队可给学校带来经济利益,扩大学校的影响力,提升学校的声誉;②高校高水平田径运动队能为大学的师生员工和多元文化共存的学校提供娱乐方式和加强学校凝聚力;③学生参加高校高水平田径运动队本身就是一种教育。

如美国密歇根大学一直认为高校高水平田径运动队能为完成大学的使命服务,不论是全国的锦标赛、俱乐部赛,还是其他水平的比赛都是提供给学生教育经历的一个重要部分。因为发展高校高水平田径运动队,举办高校高水平田径运动竞赛能提供一个把学校外部不同的社会群体、不同的社会单位聚集在一起的事件功能,当这些群体整合在一起共同完成学校教育使命时,高校高水平田径运动队就能给学生提供一个重要的机会来发展他们的个性品格,如奉献、牺牲、团结的精神。又如在加拿大多伦多大学,高校高水平田径运动队是大学校园内最大的一个运动团体,它被视为是学校给学生提供教育经历的一个重要方面,是必要的校园娱乐计划之一,是专为那些对田径运动有强烈兴趣的学生设计的。

美国、加拿大、澳大利亚等国家高校高水平田径运动队建设与发展的目标内容也给我国高校高水平田径运动队建设与发展目标的定位提供了参考。美国高校高水平田径运动队的基本目标是高校的高水平田径运动队应被视作教育系统中一个重要的部分,其具体目标共有7条:①发起、促进和增强为学生运动员开展的高水平田径运动,促进教育、身体健康、运动水平的提高,并确保参加田径运动的娱乐追求;②鼓励高校制定有效的规章来达到高校高水平田径运动队的办队标准;③制定、规范高校高水平田径运动的规程;④收集、整理和保存高校高水平田径运动的记录;⑤制定高校高水平田径运动队管理的有效标准,并监督其执行情况;⑥与其他业余性体育组织加强联系和合作,以推动高校高水平田径运动的发展;⑦研究高校高水平田径运动竞赛中的所有问题,并建立有效的标准,使美国高校高水平田径运动队能保持高水平的发展。

加拿大高校高水平田径运动队章程中规定的目标是:通过参加全国高校高水平田径运动来丰富运动员的教育经历,并促进运动水平的提高,其具体目标包括5个方面:①教育质量和体育经历,创造一个良好的环境使参加者能在学习和运动潜力方面均获得成功;②目标统一,尊重自治,加拿大高校体协尊重各成员在达成一般目标时联合协作的自主权;③诚实和公平,反映规则精神的行为和对对手的诚实是原则性的行为而不是随机的行动;④相互信赖和尊重,成员之间关系的建立,不仅建立在书面的规则和合同上,更要充分相信和尊重双方;⑤经历的公平公正,协会的全体成员包括协会代表和参加者可通过决策过程、积极的行动、计划的发展、协会的组织结构来表达他们各自的意愿。

国际大学生体育联合会的目标也为我国高校高水平田径运动队发展目标的定位提供了依据,其目标是提高体育价值、鼓励体育参与并与高校精神协调发展。提高体育价值是指对将来有一天在政治、经济、文化、工业等工作岗位负有责任,甚至是在这些部门关键职位任职的学生,通过体育运动来促进他们友谊、友爱、公平、执着、诚实、团结合作等道德的形成,在体育运动中作为合作者或对抗者能运用伦理道德来解决合作或冲突。促进体育价值和鼓励体育参与,同时也赋予了对高校精神新的思考,特别是在当今这个强调个体全面发展的时代,不仅要注重人的智力发展,更要重视人的道德和身体的发展。大学生应当积极参与学校的体育活动,即使对于那些运动成绩较高的学生来说,也不应该把参加体育竞赛看成个人发展的一个终结,而要把它视为挖掘自己潜力的一种过程,同时也是为自己的职业生涯做好准备。

通过分析以上国外高校高水平田径运动队,我们可以发现,国外对高校高水平田径运动队的认识比较偏重它对教育的作用,侧重于从教育的角度认识高校高水平田径运动队。认为它是教育的一个重要部分,它从内容和方法上是推动教育目标实现的有力的、重要的工具,它承担了大学的一定功能,为大学功能的实现贡献和发挥了重要的作用。这种认识观使得高水平田径运动队与高校的距离拉近了许多,使得二者的相融性和包容性强化了许多,促进和鼓励了高校开办高水平田径运动队的积极性和进取心。而在对这些国家高水平田径运动队目标的比较中,可发现一些共同特点:①突出了竞技体育的教育性质;②注重高校高水平田径运动队与成员之间的利益;③关注了学生运动员学术、道德、运动水平的均衡发展;④强化了目标的管理与管理目标的职能;⑤运用了市场开发和社会化的手段。以上这些国外高校高水平田径运动队的认识观和目标内容为我国高校高水平田径运动队建设与发展目标的定位提供了极好的借鉴。

另外,美国、加拿大等国家对高校高水平田径运动队成功运作的经验也值得参考,这些国家的成功之处就是抓住了高校高水平田径运动队发展的关键。一方面抓住了以竞赛为核心的运作体系,高校高水平田径运动队如果没有竞赛是不会成功的,因为没有竞赛则不能满足高校高水平田径运动队的目的;没有竞赛则学生运动员、教练员水平得不到提高,运动水平在低水平处徘徊；没有竞赛就没有市场的开发和商业的赞助；没有竞赛就没有发展高校高水平田径运动队所需经费的保证。另一方面抓住了以制约与激励为手段的运行机制，在解决高校高水平田径运动队发展中一系列的矛盾时，成功地运用了既制约又激励的机制。如学习和训练的矛盾，在运用奖学金的同时，又制约了竞赛资格；在学校商业化的同时，又规定了其具体的行为；在给予学校自治权力的同时，也界定了学校的行为。在确定我国高校高水平田径运动队建设与发展目标定位时，对这些国外成功经验的参考和借鉴必将促进我国高校高水平田径运动队的快速发展。

三、对我国高校高水平运动田径运动队建设与发展目标的解读

高校高水平田径运动队建设与发展是高等教育的有机组成部分，同时也是我国竞技体育健康、持续发展的重要途径。新时期高校办高水平田径运动队的目标更加明确，定位更加务实。根据我国的现实情况和国外的经验，将我国高校高水平田径运动队建设与发展的目标分解为如下几方面的内容。

（一）培养体育人才

普通高等学校建设高水平运动队的目的是为国家培养全面发展的高水平体育人才。普通高等学校要高度重视高水平田径运动员的文化理论学习，科学制订学习、训练和参赛计划，采取切实可行的有效措施，为田径运动员在学期间通过所学专业规定课程的考试和考核提供条件。围绕竞技体育而展开的教育，无论小学、中学、大学教育，都应该注意与竞技体育的融合，探索出运动员、运动队文化教育的新路子，使运动员

成为既具备高水平体育技能又具备高层次文化素养的人才。当其在竞技体育岗位上奋斗时,能够为国争光;当其退役从事其他行业工作时,也能够胜任本职工作,继续为社会服务。

从国外的田径运动人才培养模式来看,大部分国家重视文化教育,形成中学、大学的业余竞技体育培养模式,然后再向职业化的市场模式转移。根据我国的国情,虽不能完全照搬,但应该借鉴。一方面在中小学、大学建立行之有效的业余训练体制;另一方面在已有的专业田径运动队中加大文化教育的力度、广度和深度,使运动员接受强制性的教育。在教学方法上,要注意实事求是,根据运动员、运动队的实际,建立高质量、高效率、高标准的文化教育制度,使运动员爱学、乐学,而且能够将文化教育知识融合到体育技能学习中,用文化来提高竞技体育实力。培养运动员的过程是一个可持续发展的过程,不仅要服从眼前利益,而且要照顾长远利益;不仅要考虑集体利益,而且要尊重个人利益;不仅要着眼于田径运动的进程,而且要顾及运动员退役后漫长的人生历程。不断深化文化教育功能,才能培养复合型的田径运动人才,才能真正体现"以人为本"的文化理念。同时,要以普通高等学校为龙头,逐步完善大、中、小学相衔接的优秀田径运动人才培养机制。普通高等学校要采取积极措施,关心、扶持中小学校开展优秀田径运动后备人才的培养工作。

(二)提高运动等级

自20世纪50年代以来,在我国实行的运动员技术等级制度为鼓励运动员刻苦训练,不断提高运动技术水平,促进我国体育人才培养,推动体育运动发展发挥了重要作用。国家体育总局(简称"总局")制定颁布《运动员技术等级标准》(简称"等级标准"),授予运动员技术等级称号(简称"等级称号")。等级称号分为国际级运动健将、运动健将、一级运动员、二级运动员、三级运动员。

近年来,总局不断采取措施加强管理,进行规范和完善,先后下发了一系列文件,将重新修订后的《运动员技术等级管理办法》和《运动员技术等级标准》下发施行。

高水平田径运动员必须按照学校制定的训练和参赛计划,进行训练和参加比赛。对入学后无特殊情况,擅自不参加训练和比赛的高水平田径运动员,学校按学籍管理制度进行相应处理。高水平田径运动员按照学校制定的训练和参赛计划进行的训练、比赛,应视为其学习的有机组成部分,纳入学校学分管理体系。对在国际比赛和全国性比赛中获得优异成绩的运动员,学校还应按其所获名次情况给予适当的学分奖励。各高校要严格遵循公开、公平、公正原则,依照规定的权限、程序和期限进行运动员技术等级的审批工作,不得违规申请、审核、审批和授予运动员等级称号。各高校可结合自己的实际情况制定运动员技术等级管理实施细则。

(三)取得竞赛成绩

回顾过去,国家教育部、国家体育总局鼓励普通高校建设高水平田径运动队,对普通高等学校高水平田径运动队的建设进行宏观规划和指导,逐步形成重点突出、特色鲜明、资源配置优化的普通高等学校田径运动训练和竞赛体系。可见,新时期高校办高水平田径运动队的目标更加明确,定位更加务实。近几年高校高水平田径运动取得了明显进步与发展,出现了像清华大学、南开大学、北京航空航天大学等一些取得了显著成绩的高校,培养了一些能在国际、国内赛场上摘金夺银的高水平田径运动员。高校办高水平田径运动队符合竞技体育人才培养的总趋势,开辟了我国体育后备人才培养的新途径,改变了我国长期以来单一的体育系统培养竞技体育人才的模式。虽然田径运动员中不乏奥运选手,但是越来越多具有纯正大学生背景的运动员不断出现,证明了高校办高水平田径运动队培养竞技选手的道路是正确和可行的。

(四)带动高校体育运动开展与提升水平

党中央、国务院历来高度重视青少年的健康成长。改革开放以来,我国青少年体育事业蓬勃发展,学校体育工作取得很大成绩,青少年营养水平和形态发育水平不断提高,极大地提升了全民健康素质。但是,必须清醒地看到,一方面由于片面追求升学率的影响,社会和学校存在重智育、轻体育的倾向,学生课业负担过重,休息和锻炼时间严重不足;另一方面由于体育设施和条件不足,学生体育课和体育活动难以保证。中国教育科学研究院2012年3月发布的《我国青少年体质健康发展报告》体质健康监测表明,青少年耐力、力量、速度等体能指标持续下降,视力不良率居高不下,城市超重和肥胖青少年的比例明显增加,部分农村青少年营养状况亟待改善等。这些问题如不切实加以解决,将严重影响青少年的健康成长,乃至影响国家和民族的未来。

青少年时期是一个人身心健康和各项身体素质发展的关键时期。青少年的体质健康水平不仅关系到个人的健康成长和幸福生活,而且关系到整个民族的健康素质,关系到我国人才培养的质量。体育锻炼和体育运动,是加强爱国主义教育和集体主义教育、磨炼坚强意志、培养良好品德的重要途径,是促进青少年全面发展的重要方式,对青少年思想品德、智力发育、审美素养的形成都有不可替代的重要作用。为了落实《中共中央国务院关于加强青少年体育增强青少年体质的意见》中提出的进一步办好体育传统项目学校和高等学校高水平运动队,充分发挥其对群众性体育的示范带动作用的要求,当前和今后一个时期,加强高校高水平田径运动队建设的总体任务是:在充分保证学校体育课和学生体育活动的基础上,广泛开展群众性青少年田径运动和竞赛,加强体育卫生设施和师资队伍建设,培养青少年良好的体育锻炼习惯和健康的生活方式,形成青少年热爱体育、崇尚运动、健康向上的良好风气和全社会珍视健康、重视体育的浓厚氛围。坚持不懈地推动青少年田径运动的发展,不断推动普通高等学校田径运动工作的全面开展,带动基础教育阶段学校课余体育训练与竞赛的广泛开展。[1]

---

①丘广星.重庆市高校高水平田径运动队建设与发展的研究[D].重庆:重庆大学,2015.

第二章 高校高水平田径运动队建设与发展的动力

第一节 高校高水平田径运动队建设与发展动力研究的理论基础

在高校高水平田径运动队动力系统中,存在各种各样的动力。所谓高校高水平田径运动队建设与发展动力,是指作用于高校高水平田径运动队本身,引起、激发和推动高校高水平田径运动队发展的各种力量的合力。

一、高校高水平田径运动队建设与发展动力分类

高校高水平田径运动队建设与发展动力系统是一个由多因素、多层次、多方面构成的有机结构体系。按照不同的标准,从不同的角度,可以将动力分为不同的类型。

(一)根据动力作用来源不同分类

根据动力作用来源不同,可分为原动力与驱动力。原动力即动力源泉,是指推动高校高水平田径运动队发展最根本的动力。构成高校高水平田径运动队系统的要素包括运动员、教练员等,各构成要素的自觉性、主动性和创造性的充分发挥是最根本的原动力。在运动队训练、竞赛和教学中,教练员和教师是活动的组织者,他们主观能动性的高低直接决定动力

的大小,其能力水平、责任意识、敬业精神、履职态度、奉献品格等是运动队建设与发展动力的源泉。运动员在运动队处于从属和被支配的地位,即使有强烈的成长和成才的欲望和动机,但是由于受到自身主客观条件的限制和外界因素的影响,在运动技术水平和学术水平等方面与高校高水平田径运动队培养人才要求上还存在着差距,存在的这种差距正是高校高水平田径运动队的运动训练和教学活动得以发生的根源。

高校高水平田径运动队的运动训练和教学活动有效运行,不仅需要原动力的推动,更需要驱动力的激发。驱动力即动力因素,高校高水平田径运动队发展的驱动力是指高校高水平田径运动队的决策者、组织者和实施者为了实现田径运动队目标所制定的各项政策和所采取的各种激励手段。毫无疑问,人是有需要的,既有物质的需要又有精神的需要,满足需要是发挥积极性、主动性和创造性,成就梦想,实现人生价值的根本前提。因此,对目标的追求、对榜样的仿效、对利益的追逐和对精神的追求都可以成为驱动力。

高校高水平田径运动队发展的原动力与驱动力是既对立又统一的辩证关系。对立关系体现在它们之间的界限是明确的,它们在高校高水平田径运动队发展过程中的地位、作用和性质是各不相同的。原动力是发展的根本动力和内在动力,它决定着发展驱动力的作用方向,而驱动力是高校高水平田径运动队发展的外在动力,影响发展的进程。统一关系体现在高校高水平田径运动队发展驱动力是高校高水平田径运动队发展原动力的必要补充,为发展原动力正常发挥作用提供保障。

（二）根据动力作用方式分类

根据动力作用方式，可分为直接动力与间接动力。运动队建设与发展动力作用于运动队的方式有直接、间接两种，因此发展动力又可分为直接动力和间接动力。高校高水平田径运动队发展直接动力是指不经过中间环节直接对运动队发展起作用的力量。在高校高水平田径运动队动力系统中，由运动员、教练员和教师构成的微观动力系统就属于直接动力，对运动队起着至关重要的作用。

高水平田径运动队发展的间接动力指经过中间环节通过渗透、感染间接起作用的力量。间接动力对运动队发展也是十分重要的，高水平田径运动队建设与发展动力系统的宏观动力系统（政治、经济、文化、社会等即整个社会大环境）和中观动力系统（学校、城市等即中观环境）就属于间接动力。发展直接动力与间接动力存在对立统一的辩证关系。对立体现在发展直接动力与间接动力之间界限明确，它们在发展过程中的地位、作用和性质各不相同。直接动力直接推动运动队发展，间接动力只有借助一定的条件和手段转化为直接动力后才能对运动队的发展起推动作用。统一性体现在发展直接动力与间接动力又是相互联系、相互渗透的。在发展过程中，直接动力与间接动力相互支持、相互配合，共同推动运动队的发展。直接动力会因为间接动力充足而激情澎湃，间接动力也会因为直接动力充足而效果卓著。

（三）根据动力主体分类

根据动力主体，可分为个体动力、群体动力和组织动力。高校高水平田径运动队发展的个体动力指推动高校高水平田径运动队发展的个体力量。对于个体动力，由于不同的人（不同角色、能力、基础、文化素质等）的需要以及需要满足的程度是不一样的，因而在高校高水平田径运动队发展过程中所表现出来的动力也必定不一样。关键在于研究个体的需要，想方设法满足他们的合理需要和主导性需要。高校高水平田径运动队发展的群体动力指推动高校高水平田径运动队发展的群体力量。群体的共同努力使人们的才能和力量联合起来，实现单个人和分散的个人无法实现的较大的目标。高校高水平田径运动队发展的组织动力是指推动高校高水平田径运动队发展的组织力量。这里的组织指人们为了追求某种特定的目标，实现某种特定功能而有意识建立起来的、有正式结构的次级群体，具有特定的目标、成员角色化、正式而明确的规范、权威体系和科层化的管理等特征。

高校高水平田径运动队发展的个体动力、群体动力和组织动力之间是对立统一的辩证关系。一方面，高水平田径运动队发展个体动力、群体动力与组织动力是对立的，它们之间的界限是明确的，在发展过程中的地位、作用和性质是各不相同的。群体动力与组织动力是发展的外在动力、自觉推动力，个体动力是发展的内在动力、自发推动力。另一方面，群体是由个体组成的，组织是因为群体分工合作的需要产生的。因此，个体动力的发挥是群体动力发挥作用的前提，组织动力是群体动力发挥作用的保障。个体动力和群体动力又是组织动力发挥作用的基础。

（四）根据动力构成内容的不同分类

根据动力构成内容的不同，可分为物质动力、精神动力与制度动力。高校高水平田径运动队发展的物质动力是指推动高校高水平田径运动队发展的环境、条件、设施等物质要素的总和。高校高水平田径运动队发展的精神动力是指推动高校高水平田径运动队发展的思想、理论、态度等精神要素的总和。高校高水平田径运动队发展的制度动力是指推动高校高水平田径运动队发展的规章、条例、文件等制度要素的总和。在高校高水平田径运动队发展过程中,物质动力是基础,精神动力是核心,制度动力是保证。物质动力是硬动力,它为高水平田径运动队发展提供物质平台。精神动力与制度动力是软动力,它为发展提供智力支持和制度保障。物质动力、精神动力与制度动力三者之间相互联系、相互促进,统一于高水平田径运动队发展过程中。物质动力是精神动力和制度动力的外在表现和反映,精神动力渗透于物质动力与制度动力中,并对它们起着指导作用,制度动力是精神动力转化为物质动力的桥梁和纽带。

(五)根据动力作用性质分类

根据动力作用性质,可分为正动力与负动力。高校高水平田径运动队发展的正动力是指对高校高水平田径运动队的发展起积极推动作用并促使其产生良好效果的力量。高校高水平田径运动队的发展负动力是指阻碍高校高水平田径运动队向前发展甚至把发展引向歧途的力量。负动力表现为两种形式:其一是零动力,不愿投入经费、人力、物力和精力。其二是阻力,对高校高水平田径运动队发展不仅没有促进作用,反而是消极有害的力量。主要包括:主观上无不良动机甚至也有做好工作的善意,但是由于各种原因,在客观上阻碍了运动队发展;主观上有意识地歪曲和误导,使高校高水平田径运动队成为他们牟利的工具。高水平田径运动发展的正动力与负动力之间又有着某种联系,正动力与负动力是相比较而存在的,它们在一定条件下可以相互转化。

二、高校高水平田径运动队的"动力场"

高校高水平田径运动队的建设与发展存在多种动力,不同的动力交织在一起,形成动力场。

就运动训练而言,现代竞技运动已经进入从运动员身上挖掘包括生物潜能、心理潜能和社会潜能的时期,开展"知识竞技",培养"复合型竞技人才"。所谓"知识竞技"是针对高耗低能的"体能型竞技"提出来的,是指知识、信息、科技含量高的高质低负的智体合一的竞技,它提倡运动训练科学化。倡导"科技训练",就是在运动员日常训练的各方面都要加大科技含量,使训练做到"科学化"。"科技训练"是一套体系,包括运动员的营养结构、日常饮食、训练教学、恢复等方面。运动训练学揭示"生物—心理—社会"观,高校高水平田径运动队建设与发展动力包括物力、心力和外力,即动力来源于三个方面:生物学力、心理学力和社会学力。"科技训练"就是要整合各种资源,加强运动训练的科技含量。

生物学力的发挥以身体基本结构为基础,是由形态机能、内脏机能、运动能力等产生的动力。在学习方面包括认知结构,在运动能力方面包括体格、体型以及基本身体机能、身体素质、基本身体全面运动能力、专项运动能力等物质型基础。生物学力是普通高校高水平田径运动员文化学习和运动训练与竞赛的物质基础,是心力和物力发挥作用的载体。挖掘生物学潜能,也就是从身体潜能方面挖掘能力。在学习方面,通过知识的积累和养成良好的学习方法与习惯,使认知结构发生变化。在运动训练方面,通过有效的运动训练,在运动负荷作用下通过身体物质和能量的新陈代谢,打破原有的结构可以使大学生身体机构物质方面发生变化,从而实现机体运动能力的提高,达到提高运动技术水平的目的。最初的运动训练与竞赛主要就是以提高物力达到提高运动技术水平的目的。现代训练学同样重视运动员物力,但物力的挖掘是有限度的,所以在重视物力提高的同时,也要注重从生理学力和社会学力方面挖掘运动员的潜能。

德国格式塔派心理学家勒温早在 1936 年的专著《心理力的表述和测量》中提出了心理力这个概念。它是由知、情、意、个性等激发身体机能产生的力,从内心迸发出来的推动人们去行动的心理动力。心理力源于需要。需要是个体和社会的客观需求在人脑中的反应,是个人的心理活动与行为的基本动力,此种动力又称内驱力。弗洛伊德认为,内驱力是一种天赋的力量,与本能是同义语,它促使或阻止有机体能量的释放。弗洛伊德只强调了一个侧面,即原始内驱力。除了此种内驱力之外,还有更重要的社会性内驱力。美国当代心理学家布鲁纳认为人有三种内驱力:一是好奇的内驱力,即求知欲;二是好胜的内驱力,即求成欲;三是互惠的内驱力,即需要和睦共处协作活动。这三种内驱力,基本上是社会性的内驱力,是人类所特有的。

心理力不仅源于需要,而且与人的情绪、情感有关。情感效能高的人,任何情感都可以化为行动的动力,无论是愉快的、满意的情感还是悲痛不快的情感,都会成为驱使他去行动的动力。现代心理学研究表明,心理因素对行为有很大的影响,有时甚至是决定性的。著名心理学家荣格的心理动力学认为,人格结构要正常活动需要一个动力系统。因为心灵的能量来自外界或身体,但是,一旦外界能量转化为心灵的能量,就由心灵来决定其使用。我们的感官不断地从外界接受能量,每个心理系统也会从身体接受能量,它们使心灵处于不断变化的状态。荣格所理解的心理能量是一种普遍的生命力,不是性本能。他借用物理学的能量守恒原则来解释心理,即能量在心理结构中可以转移,并且可以把某一结构的部分特征也转换过去。

荣格认为,心理能量有前行和退行两种流动方向。前行是有意识地适应外部世界的方向,即努力与环境的要求保持一致;退行则是潜意识地满足内在的要求,即激活被排斥的潜意识内容以产生新的机能来适应现实。他认为,前行和退行的适当调整对于人格发展和心理健康是至关重要的。荣格主张,心理的动力不仅遵循因果性原则,还符合目的性原则。因果性原则即承认过去的经验对当前的行为具有影响,目的性原则即认为未来的目标和欲望也会对当前行为产生影响。

组织学认为心理力来源于"心理环境",对这个概念我们一定不要把它同物质世界混淆起来。心理环境不是指物质世界,也不是指他人的世界,而是指影响某个个体行为的世界。因此,这个个体没有觉察到的,从而对他的行为没有影响的客体,不在他心理环境之内,尽管从物质上来讲,这些客体可能离他很近。同样的,这个个体认为存在的东西,那么即便这种东西在物质上是不存在的,它也是在其心理环境之内的东西。

社会学力不单纯是指通过各种社会影响因素,影响大学生运动员的心理活动,激发竞技主体的动机,使竞技主体的生物力得到提高,其本身不能直接产生力。

德国心理学家勒温创立的"动力场"理论,也称为"场"的理论。该理论认为:人的心理和行为决定于内在的需要和周围环境的相互作用。

行为是人的内在需要和周围环境相互作用的函数,应该把人的行为关系看作是个人心理和外部环境的大系统,把调动人的积极性看作是一种大系统的运动,是一种力场作用的关系,如果人的需要没有得到满足,就会产生内部力场的张力,而周围环境因素起着导火线的作用。人的行为动向取决于内部力场和情境力场的相互作用,而内部力场的张力是最主要的决定因素。

高校高水平田径运动队组织内部还有很多种力:领导人道德高尚,受人敬佩,产生一种凝聚力;信赖组织,同心同德,产生一种向心力;组织涣散,人心思去则是离心力;争权夺利,相互扯皮是摩擦力;万众一心,群策群力,向组织目标进发则形成了组织的合力。按照现代协同论,任何团体必须鼓励内部协作与支持,减少内部冲突和摩擦,降低内耗,获得协同效果,从而共同联结成一个协调互动整体,形成有序运行的一体化模式,增强竞争力。

高校高水平田径运动队所处阶段不同,不同的发展动力所起的作用会不同,或者说发展动力的组成会不同。在高校高水平田径运动队最初发展阶段,运动竞技水平不高,主要发展动力可能以主体性动力等显性动力为主,经过一段时期的发展,随着水平的逐渐提高,运行性动力、激发性动力等隐形动力在发展动力中贡献率会有所加大。

三、高校高水平田径运动队建设与发展动力系统的特征

高校高水平田径运动队建设与发展动力系统是多层次、多因素组合的系统,它具有如下特征。

(一)集合性

高校高水平田径运动队建设与发展动力系统具有强烈的集合性。它既有外部动力因素、内部动力因素,又有阻力(负动力)因素。这些动力因素共同对高校高水平田径运动队发展起作用,作用程度有大有小,作用方向有正有负,如果合理匹配、有效管理,这些因素就会形成和建立强大的、积极的高校高水平田径运动队建设与发展动力系统。

(二)相关性

高校高水平田径运动队建设与发展动力系统具有密切相关性。高校高水平田径运动队发展本身是一个复杂的系统,它由若干个子系统构成。动力系统涉及高校高水平田径运动队人、财、物以及招生、运动训练及竞赛、学术成长、就业等各个方面。外部动力因素需要通过高校高水平田径运动队内部动力因素发挥作用,内、外部动力因素又要借助于高校高水平田径运动队的一系列训练、竞赛及教学等活动对高校高水平田径运动队的建设与发展产生影响,阻力又是在内、外部动力因素运转不良时产生的,彼此之间不可分割。

（三）目的性

高校高水平田径运动队建设与发展动力系统具有十分明确的目的性。其目的从大的方面看是培养具有高运动水平，同时具有较高学术水平的大学生运动员。具体目标就是高校高水平田径运动队一定时期的目标、任务。高校高水平田径运动队作为人才培养的机构，具有对大学生运动员包括竞技水平、学术水平在内的整体素质提高的特定功能。这种功能的实现过程就是高校高水平田径运动队整体任务的实现过程。为实现高校高水平田径运动队整体任务目标，高校高水平田径运动队必须努力实行最优计划、最优设计、最优控制、最优管理等，要求高校高水平田径运动队必须最大限度地调动高校高水平田径运动队主体的积极性和创造性，把高校高水平田径运动队外部推动力和内部推动力结合起来，把物质动力和精神动力结合起来，达到推动高校高水平田径运动队朝着总体目标高速运行的目的。

（四）环境制约性

高校高水平田径运动队建设与发展动力系统具有明显的环境制约性。高校高水平田径运动队建设与发展动力系统从属于更大的系统，它是整体高校系统、体育系统乃至教育系统、社会文化系统中的一个分支子系统，必然要受到文化、教育发展的影响。如体制变革、文化观念、教育理念、人才市场等，都会直接或间接地影响和制约着高校高水平田径运动队建设与发展的动力。

四、协同理论对高校高水平田径运动队动力研究的启示

协同论作为系统科学的一个重要分支，是一门以研究完全

不同学科中共同存在的本质特征为目的的系统理论,因而成为构造各类系统的理论基础和解决复杂性系统问题的方法。协同论是联邦德国斯图加特大学教授哈肯创立于20世纪70年代,在多学科研究基础上逐渐形成和发展起来的一门新兴学科,是系统科学的重要分支理论。协同论主要研究远离平衡状态的开放系统在与外界有物质或能量交换的情况下,如何通过自己的内部协同作用,自发地出现时间、空间和功能上的有序结构。协同论以现代科学的最新成果——系统论、信息论、控制论、突变论等为基础,吸取了结构耗散理论的大量营养,采用统计学和动力学相结合的方法,通过对不同领域的分析,提出了多维相空间理论,建立了一整套的数学模型和处理方案,在微观到宏观的过渡上,描述了各种系统和现象中从无序到有序转变的共同规律。

(一)协同效应

协同效应是借用化学的一种理论,就是指由于多种物质协同作用而产生的结果,在复杂开放的系统中,大量的子系统相互作用,所产生的整体效应或集体效应。协同效应其实是系统自组织现象的观点,也就是整体效应原理,它指在一个复杂的大系统内,各自系统的协同行为所产生出来的效能超越各要素自身单独发挥作用时的效能,从而形成整个系统的统一作用和联合作用,而且子系统的协同作用可以形成系统的有序性。"协同导致有序"是这一原理的基本特征。这就昭示我们在寻求高校高水平田径运动队建设与发展动力时,不能局限于一个或几个力,要挖掘和发挥多种力的作用,不仅要利用高校高水平田径运动队系统的内部动力,还要利用系统外部动力；不仅要利用教练员的才能，还要激发教练员的积极性；不仅要挖掘运动员的身体潜能，还要挖掘心理潜能和社会潜能等，发挥多种动力作用的协同作用。

（二）伺服原理

伺服原理是指快变量必须服从慢变量，序参量支配子系统的行为。该原理从系统内部两种因素，即稳定因素和不稳定因素之间的相互作用描述了系统的自组织过程。它也称为支配效应原理，意指系统的不稳定性可以自发形成空间结构、时间结构或时空结构，当系统接近不稳定时，系统的结构通常由少数几个集体变量即所谓序参量来决定。此原理要求系统的管理者要善于区分本质因素和非本质因素、暂时因素与长远因素、必然因素与偶然因素。这就昭示着我们在寻求高校高水平田径运动队建设与发展动力时，不能对所有的动力同等对待，应抓好主要动力。

（三）自组织原理

自组织原理是协同论的核心内容，反映了复杂系统在演化过程中如何通过其内部子系统和各要素自行完成的主动协同行为来达到宏观有序的发展目标，并使整体运行合乎客观规律。

为了维持高校高水平田径运动队系统的存在和发展，培养既是合格的大学生又是优秀的运动员的大学生运动员，主管部门投入了大量的人力、物力和财力。按照系统学广义能量原理，整个客观世界皆由能量组成，表现为能量的不同形式和不同的层次。能量有多种存在形式，分为五大类：物理能、生物能、信息能、基本能和社会系统能。对高校高水平田径运动队系统投入的主要有生物能、信息能和社会系统能。一切生物体皆表现为生物能,生物能包括纯物质的物质能和有机体的有机能,主要指人力的投入。信息所含的能量就是信息能。而社会系统能主要包括人才能、组织能、管理能等。人作为社会之本的体现,即其身上蓄积的种种能量统称为人才能,人才能是随着时代而前进的,古代以其体能为主,后来逐渐沿着经验、知识、技能的路线演变成以能力、智能为主。人才能是生物能的最高形式,靠后天积累,以信息能为主,是一种"能动"的信息能,具有潜藏性,不可以做物质性的掘取。社会上任何一个学校、一个企业、一个部门、一个机关、一个单位甚至一个家庭都是一个组织,任何一个组织都是一种能量的积蓄,这就是组织能。管理能来自产生这个组织时所做的功,所施予的能量转换以及该组织作为一个系统在运转中所继续施加的能量,但组织能不是元素所含的质量能,而只是元素间结构关系决定的一种结构能量。管理能通常只是一种信息能,是一套方案、一个策略、一个措施或者是一个决策,管理能实施到被管理系统后,即转换为系统自身的各种能量,当然其中组织能是主要的。这些投入的能量,将以各种动力形式促进高校高水平田径运动队的发展。①

---

①谭祝平. 普通高校运动队建设与管理研究[M]. 长春:东北师范大学出版社,2012.

第二节 高校高水平田径运动队建设与发展的动力体系

一、主体性动力

高校高水平田径运动队的办队主体是普通高校,运动队的组成主体包括运动员、教练员、科研人员、管理人员、文化和专业教师、后勤保障人员等。而实现高校高水平田径运动队发展的直接主体是运动员、教练员、科研人员、管理人员、文化和专业教师、后勤保障人员等组成主体的工作是通过运动员的表现来体现的。高校是运动队的办队主体;运动员是运动队发展的直接体现,是运动队发展的支撑点;高校高水平田径运动队的实际情况是教练员负责制,很多情况下,教练员决定了其他主体作用的发挥甚至决定人力资源的配置;任课教师是运动员学术进步的保障。

(一)普通高校办队主体的主体性动力

普通高校是高水平田径运动队的办队主体,高水平田径运动队依附于高校存在,高校不仅为建立运动队投入人力、物力和财力,还得为运动队的发展提供信息、管理等方面的支持。高校的行为决定高水平田径运动队的发展。

学校经费的投入、对教练员的聘用、办队动机和领导层对办队的决心对运动队发展影响较大。其实,学校对高水平田径运动队的影响主要是通过投入和管理实现的,领导层对办队的决心直接影响到投入的量,办队的动机对运动队的管理影响更为直接。

1.普通高校办高水平田径运动队的动机

普通高校办高水平田径运动队的动机是培养合格的大学生运动员,为我国竞技体育发展开辟新的途径,通过体育竞赛提高学校的知名度、活跃校园文化等。普通高校通过办高水平田径运动队对学校大有益处。

不同的办队动机或者不同的办队侧重点对运动队的发展会有不一样的效果,这种分歧体现在对大学生的培养上,并导致高校高水平田径运动员来源渠道多样化。如虽然招专业队退役或淘汰的运动员进入高水平田径运动队,与培养合格的大学生运动员为我国竞技体育发展开辟新的途径的动机明显不符。因为一般来讲此类生源文化基础差,竞技成绩很难提高。但是此类生源能满足通过体育竞赛提高学校的知名度的要求,因为目前的现实是专业队与学校培养的竞技人才在竞技水平上有一定的差距,专业队一般能取得较好的名次。招普通中学生进入高水平田径运动队,一般认为此类生源文化基础较好,可以达到培养大学生的标准,但在竞技水平提高上不乐观,通过运动竞赛提高学校知名度的目标很难达到。有的学校将现役专业队员的学籍挂靠在高校,专业队员不参加高校正常的教育教学活动,训练不在高校,住宿不在高校,仅仅代表高校参加大型的比赛,但毕业证照发不误。无论以哪种动机为主,追求竞技运动成绩不断提高的目的是一致的,在客观上都推动了普通高校高水平田径运动水平的提高。

2.普通高校领导层对办高水平田径运动队的决心

应该说,国家教育部是鼓励普通高校办高水平田径运动队的,目标也是很明确的:教育系统要培养自己的竞技人才,为我国竞技体育发展开辟新的途径,培养合格的大学生运动员。普通高校具有传承文化的使命,更是培养人才的机构,有责任培养合格的社会主义建设需要的各类人才,其中竞技体育人才是社会需要的一类。因此,高等学校作为人才培养基地也应承担起这项任务。高校高水平田径运动队需要有大量的投入,在市场经济社会,"投入""产出"能否对等,是不可回避的考量。我国试办高水平田径运动队数十年来有越来越多的普通高校开始办高水平田径运动队,实践已经为这个问题给出答案。目前有更多的高校开始了试办高水平田径运动队的准备工作,越来越多的高校试办高水平田径运动队的决心越来越大,投入越来越多,这势必对高校高水平田径运动队的发展产生强大的推动力。

(二)运动队组成主体的动力

1.运动员的主体动力

物质能和心理能是运动员的主体动力来源,身体结构既是运动的物质基础,同时也是学术学习的物质基础。因为竞技运动是以身体各部分活动为基础的,学术学习也是以身体神经结构为物质基础的,离开运动员的物质能来谈高校高水平田径运动队发展是无本之木。运动训练学原理揭示运动员要取得优异的运动成绩,是以运动员良好的身体素质为基础的,同时充分挖掘和发挥心理潜能、社会潜能。或者说通过心理潜能和社会潜能的挖掘,更好地激发运动员的体能,从而取得优异竞技成绩。

运动能力是身体在运动中表现的活动能力。能力是影响运动效果的基本因素,运动能力是指身体素质和身体基本活动能力,其本质属于特殊的能力。运动中的意志水平与运动能力优劣水平显著相关,全面发展运动员的身体素质,提高运动能力,也正是为培养意志品质打下坚实的身体基础。运动能力包括一般运动能力(基础运动能力)和特殊运动能力(竞技运动能力)。一般运动能力和身体素质密切相关,能反映身体素质的发展水平。身体素质反映在速度、灵敏、力量、耐力和柔韧等方面。大学生运动员的身体素质和运动能力与健康强壮的身体是成正比的。

2.教练员的主体动力

教练员自身必须具备、掌握一定的知识和技术,直接致力于与知识相关的运动训练及竞赛等富有创造性的活动。教练员具有实现自我价值的强烈愿望,他们工作并不仅仅是为了获得工资报酬,而是具有发挥自己专长、成就事业的追求,他们更注重自身事业的发展前途和更在意自身价值的实现,并强烈期望得到社会的认可,想获得一种"成就激励感"。他们是组织中富有活力的个体,不喜欢被动地接受上司事无巨细的工作安排,更难以忍受上级的错误指挥,希望具有更多的自主性、权限和活动范围。他们更强调在工作中的自我引导、自我控制、自我发展,愿意对各种可能性作最大的尝试,并期望得到上级的赏识,得到学校乃至社会的承认。

教练员工作富于创造性。他们依靠自身拥有的专业知识,运用头脑进行创造性思维,并不断形成新的知识成果。他们从事的不是简单重复性的工作,而是在易变和不完全确定的系统中充分发挥个人资质和灵感,应对各种可能发生的情况,提高运动员的运动技术水平。这就是他们存在的价值所在。

教练员的工作过程具有不确定性。他们从事的工作主要是思维性活动,其劳动是复杂的脑力劳动,劳动过程通常也是无形的,自发性强,可能发生在训练场外的每时每刻和任何场所,难以对其工作过程进行监督和控制。

教练员工作多为团队合作形式。教练员独立自主性强,但并不等同于独立工作不需要与他人配合,相反,高水平田径运动队是复杂的系统工程,必须综合运用多方面专业知识。知识的高度专业化决定教练员不可能独立带好高水平田径运动队,必须组成知识团队,运用集体的智慧进行工作。

教练员工作成果难以衡量。目前,人们习惯以教练员所带运动队取得的比赛成绩来评价教练员的工作成果,这有其合理性,但也有片面性。运动员的基础、运动队的投入等对运动队成绩的影响较大,高校高水平田径运动队培养合格的大学生也是衡量教练员工作的重要方面。教练员作为高校高水平田径运动队的重要一员,其道德水平、勤奋程度、能力和个性特征以及人格魅力对普通高校高水平田径运动竞技水平的发展起重要作用。

二、本源性动力

高校高水平田径运动队本源性动力是促成高校高水平田径运动队相关主体从事高校高水平田径运动队的源动力,本源性动力主要是高校高水平田径运动队的吸引力等。

(一)高校高水平田径运动队动力源:吸引力

1.高校高水平田径运动的特点

普通高校高水平田径运动是在高校开展的竞技体育。关于竞技体育的定义有很多种,但无论何种定义在对竞技体育的特点的认识上是基本一致的。

公平性。所有选手的地位平等,不受种族、肤色、国度、民族的影响。竞技场上一律平等。人有追求公平对待的天性,通过竞技体育使这样的追求得以实现。

竞争性。竞技体育就是要以体育竞赛为目标和目的,竞争性是竞技体育的天然特征。人是群体的人,人与人之间时时处处存在竞争,市场经济条件下,社会的每个角落都充满了竞争,但有些竞争是不公开的,有些竞争时间跨度太长,有些竞争形式不明确,竞技体育不一样,竞技体育是公开的竞争、公平的竞争。

规则性。在遵守体育精神和体育原则的前提下,为使比赛向有利于人类发展的方向行进,人们会为比赛制定一些规则,如公平、公正、健康、拼搏等。在现实社会中,竞争随处可见,但在很多情况下,这样的竞争没有规则可言。竞技体育具有高度的专业性,并具有自己独特的比赛规则,且规则尺度也是明确的,每个参与竞争者必须遵循。

挑战性。竞技体育设立的各种奖项,不断地刺激人们去追求更高、更快、更强,促使人们不断地挑战自我和权威。竞技体育没有极限。可以无限地接近极限,通过参与竞技体育,人们挑战自我,挑战极限得到满足的欲望。

2.高校高水平田径运动的价值

高校高水平田径运动的价值具有双重性,体现在社会价值和个体价值两个方面。

高校高水平田径运动的个体价值。个体价值,代表着个体内在本质力量丰富性的充分实现和展示,它反映在以下两个方面:一是个人的生理和心理素质、认识和实践能力得到全面和谐的发展,自然进程赋予人的各种潜能素质,得到充分的发展,产生创造性的表现,从而不断挑战与超越极限,满足自我实现的需求;二是满足情感宣泄与升华的需求,在竞技体育中,人本身就是目的,是自己行动的主人,人意识到自己血肉之躯的所有感觉,体会到了自己的力量、情感、意志和主体意识,从而找回了自我。可见,高校高水平田径运动绝非仅仅是简单地强化人的体质和体能,追求人的全面、自由、和谐、平衡的发展,无疑是其更本质、更深刻的目标所在。

高校高水平田径运动的社会价值。高校高水平田径运动竞技体育的社会价值主要体现在两个方面。一方面,高校高水平田径运动丰富了人们的业余文化和精神生活。随着高校高水平田径运动的发展,它已经越来越成为一种满足人们精神需要的社会文化活动。全国大学生田径锦标赛,涵盖1000多所高校、1300多万在校大学生和200万教职员工以及一个更加庞大的连带群体,其中包括2000多万梦想上大学的高中生和数不清的大学校友及学生亲属。另一方面,高校高水平田径运动可提高民族素质。高校高水平田径运动是在高校开展的,这对于广大大学生群体而言,田径运动是一项亲眼可见,甚至能参与其中的体育项目,对于提高全民族的科学技术方面的理性素质不会有太大的作用(远不如教育),但对于提高或激发全民族的激昂、勇敢、冒险、吃苦、耐劳等非理性素质则有巨大的社会文化价值。高校高水平田径运动所表现的是一种人类主体意志的愿望,其中竞争、征服、一往无前是其重要特征,而这种特征所衍生出的某种文化内容,对于处在激烈社会竞争中的人来讲具有很好的借鉴价值。竞争必将成为一种全民族的精神要素和行为方式,将我国迅猛发展起来的竞技体育所产生的各种文化属性积极转化为全民族的文化教育或文化熏陶内容,对于发展民族素质、提高社会生产力具有超越竞技体育本来意义的更大的社会价值。

3.高校高水平田径运动项目的魅力

每个项目都有其独特的魅力。每一个运动项目能够得到普及开展,除了因为这项运动可以强身健体外,还因为人们能从运动项目中体会到运动的快感。田径起源于人类基本的生产生活方式,它不仅提高了人们的基本生活能力,还被赋予不断超越自我的精神。田径也代表了人类追求和平、突破的精神及科技实力水平等。如跑的项目就是人类对速度和体能极限的挑战,体现一种超越自我的顽强精神。

从很多角度来看,田径运动都是奥林匹克精神的化身。"更快、更高、更强"的奥运精神在田径运动中都可以得到体现。因而,田径被人们冠以"运动之母"的美誉。田径之所以能够成为"运动之母",正是因为其是人类最本源的本能,人生来会跑步、会跳跃,却不可能生来会游泳、会踢球,或许田径的观赏性不如对抗类项目那么激烈,但是从人类的本源出发,田径运动的每一个项目都自有其魅力。换句话说,球类项目的对抗在于击败对手,而田径项目的对抗在于挑战人类极限,跑道上的每一个人都代表着我们挑战"更快、更高、更强"的目标。

(二)本源性动力作用机制

高校高水平田径运动队的本源性动力是通过有效的信息传递,引起机体的心理活动,激发心理动力,从而产生行动力。

在本源力形成过程中,机体的心理活动是关键。本源性动力产生的时间顺序是:认识(接收到信息,高校高水平田径运动队的魅力)—认同(高校高水平田径运动队是有魅力的)—尝试("试水"高校高水平田径运动队)—努力实践(投身高校高水平田径运动队事业)。当然,从认识到努力实践并不是一步到位的,中间要经过多次反复,也许到了认同阶段就终止,或许到了尝试阶段就结束。要真正形成动力,首先必须使从事高校高水平田径运动队相关的人员,包括运动员、教练员、运动队管理者、学校领导、主管部门领导有强烈的意识:高校高水平田径运动队有无穷的魅力,值得也应该办好高校高水平田径运动队;其次,从事高校高水平田径运动队相关的人员,包括运动员、教练员、运动队管理者、学校领导、主管部门领导敢于并且勇于尝试,并在遇到困难的时候克服困难,坚持努力,勇于实践。[①]

三、激发性动力

(一)高校高水平田径运动队发展激发性动力的内涵

激发性动力是指由于外界刺激导致人的心理活动状态改变,激发心理潜能而产生的力。这种力是由外界刺激激发的,激发源可以是有形的物质,也可以是精神的,如荣誉、表扬甚至赞赏等,还可以是为了激励普通高校高水平田径运动队的各项激励措施、改革等。高校高水平田径运动队发展激发性动力,是指激发和加强普通高校高水平田径运动队主体的动机,引导并推动其行为,使之完成预定目标的力。其方向由激

---

①许翀. 试论高校田径高水平运动队建设与发展研究[J]. 知识经济,2016(13):153.

励政策、措施决定。其强度由激励的力度及受激励者的价值观念等决定。激励,就其表面意思而言是激发和鼓励的意思。在管理工作中可以将其定义为调动人的积极性的过程,或者是一个为了特定的目的而对人们的内在需要或动机施加影响,从而强化、引导或改变人们行为的反复过程。我国普通高校高水平田径运动队在实践过程中,主要从实施奖励和处罚制度来达到调动激发性动力的效果。

(二)高校高水平田径运动队发展激发性动力的类型

1.训练学分奖励

对于每一个大学生来说,正常毕业获得大学文凭是他们对自己在学业方面的最低的要求,普通高校高水平田径运动员也不例外。然而,就目前我国高水平田径运动队生源现状而言,大部分高水平田径运动员要达到一般大学生的学术水平是比较困难的。高校教学实施学分制管理,按照教育部相关的专业标准,在每个专业的培养计划中,通识教育课程所占学分是有一定要求的。但通识课程与专业核心课程并无紧密联系,为了鼓励大学生运动员投入训练,高水平田径运动员相关教务管理在不涉及专业核心课程、不削弱专业核心竞争力的前提下,可将运动训练与减免学分联系起来。

在学分认定方面:优秀学生运动员(一线队)健将级队员,可享受减免50%的学分,减免科目包括选修课、必修课。(一线队)一级水平的队员,可享受减免30%的学分。二线队的队员,可享受减免20%的学分。在单科考试过程中,由于优秀学生运动员训练、竞赛任务繁重,为校争得荣誉的(一线队)健将级队员,在单科考试中可享受每门功课奖励30分的优惠政策。

(一线队)一级水平的队员,可享受每门功课奖励20分的优惠政策。二线队的队员,可享受每门功课奖励10分的优惠政策。以最终成绩记入学生档案。

同时对于不参加运动训练的运动员是这样处理的:①每月无故旷课1次,口头警告,停发7天训练补助费;②每月无故旷课2次,口头严重警告,停发15天训练补助费,做书面检查;③每月无故旷课3次,给予警告处分,停发当月训练补助费和助学金,做书面检查,警告处分记入训练档案;④一学期无故旷课累计5次,记大过处分,停训、停伙、停助学金,做书面检查,记入学生档案;⑤一学期无故旷课累计10次,自动退学;⑥每月无故迟到3次,口头警告,停发15天训练补助;⑦每月无故迟到5次,警告处分,停发当月训练补助;⑧每月无故迟到10次,记过处分,停发一季度训练补助,记入训练档案。

运动员要想有所突破,必须进行长时间的训练,这必然导致学习时间被占用,所以应当使用一些奖励方式,提高运动员的训练效率,以及自信心,让运动员与运动队始终保持共同的目标。这种激励方式对运动员的技能提高是有推动作用的,但如何在不影响专业竞争力的前提下,确定学分减免的合适比值,是一个需要探讨和研究的问题。

2.竞赛激励

高校高水平田径运动队是以运动竞赛为基础的,运动竞赛是检验和提高教学、训练成绩成功与否的唯一手段,更是运动员和教练员实现自身价值的重要途径,如何激励运动员发挥主观能动性,在竞赛中取得优异的成绩,是高校高水平田径运动队必须思考的问题。

（1）参赛资格激励

高校高水平田径运动竞赛对于高水平田径运动队发展的重要作用,体现在从教育主管部门到学校将运动竞赛成绩作为考量高水平田径运动队工作的重要指标。高校更是将运动队作为展示学生精神风貌、树立学校良好形象、提高学校知名度的平台。

按高校参加体育竞赛的惯例,参加有影响的重要体育赛事的学校资金投入会较多,从运动服装等装备到参赛条件都比较好,更重要的是会由学校领导带队参赛。参加校级以上体育竞赛是要经过选拔的,参加重要比赛运动队内的竞争就更为激烈。能够参加大型体育竞赛对高水平运动员是一种荣耀,很有吸引力。参赛资格强烈的激励作用的直接结果是激励大学生运动员平时刻苦训练,在赛场上奋力拼搏。笔者在对部分大学生运动员进行访谈时了解到,为了取得参赛资格,代表学校或省市参加比赛,他们在大型体育竞赛赛前的训练积极性是最高的。

（2）竞赛成绩奖励

大学生体育竞赛设立的奖项以精神奖励为主,实物奖品只是象征性的。由于各高校对竞技成功的重视,按参加竞赛成绩发放奖金已成为惯例。部分高校的高水平田径运动员管理办法规定:提高学生竞赛档次,提高学生竞赛奖励水平,加大奖惩力度。对运动员在全国大学生锦标赛、全国高师、市运会取得前三名的选手,分别奖励1000元、500元、300元;对在全国大运会取得前三名的队员,除教委奖励外,学校分别当场奖励前三名2000元、1000元、500元;对训练出的运动员,二级达到一级标准的一次性奖励500元,由一级训练达到健将标准的一次性奖励1000元,由健将达到国际健将的一次性奖励2000元。对代表学校参加世界大学生运动会的学生,学校一次性奖励2000元。主管教练享受校绩效津贴,如绩效津贴不包括的,主管教练员同等享受运动员奖励。其他竞赛档次,视其影响面和实际情况由中心领导定。还规定:对健将级的运动员免除全部学费;一级运动员每年减免一半学费。

有的高校对运动员在大型体育竞赛中取得的成绩除按照一定的标准进行奖金奖励外,还有学分奖励以及训练补贴的奖励等。竞赛奖励有效地激励普通高校运动员积极投入高水平队的运动训练,促进了运动成绩的提高。

(3)竞赛荣誉

高水平的运动竞赛对于参赛者而言,争金夺银是少数人的事,更多人参赛是为了取得竞技成绩,为了展示自己,获得体验,体现奥林匹克提倡的"重在参与"。在大学生竞赛场上更是如此。大学生运动员参加体育赛事,不仅要争取好的成绩,更重要的是代表所在的学校展示大学生的形象。为了树立或者维护学校的公众形象,为了荣誉而战,这种维护形象的心理激励大学生运动员努力提高竞技水平。

3.就业资本

学生进入大学的学习目的明确,要在大学通过学习掌握所学专业基础知识、基本技能获取就业资本。毕业后去向或就业问题是大学生的头等大事。对于普通高校高水平田径运动员而言,在大学期间会有很多变数,比普通大学生也多了几种选择:如果是竞技成绩能够快速提高,有可能冲击我国竞技高峰,可以考虑进国家队;如果是竞技成绩能够有所提高,经常在大型竞赛中取得好名次,也许有保送读研究生的可能;如果是竞技成绩能够保持或略有提高,可能在校级竞赛中取得名次,可通过减免一些学分正常毕业,取得学位证和毕业证;如果是竞技成绩不能保持,只能像普通大学生一样修完所有专业规定课程,可正常毕业步入社会就业。

对大学生运动员个体而言,在追求竞技成功的同时,提高文化素质,追求学术进步,获得就业资本也不失为一种好的选择。高校为鼓励学生做出了这样的规定:经市教委批准,可代表市大学生或本校参加国家体育部门组织的各级各类比赛和国际比赛。在比赛中,对取得优异成绩的运动员,学校和市教委按有关规定分别给予奖励。对于贡献突出的优秀运动员,除给予物质奖励外,在各类奖学金评定和市级、校级"三好"学生评定中,优先考虑,并通过学校单独安排一定的名额比例。在毕业生择业推荐工作中,要对优秀学生运动员优先考虑、重点照顾。对已具备普通高等学校大专学历的优秀学生运动员,按有关规定可进入本科和研究生学习,也可留校担任教练工作。这样的激励对运动队特别是水平较高的运动员是有很好的效果的。

4.运动员奖学金

激励有两种模式:一种是内在激励,即人的自身激励;另一种是外在激励,即来自外界的激励。无论是内在激励还是外在激励,目的是实现预定的目标。激励是人类活动的一种心理状态,它具有增强和刺激动机,激励和引导行为以表明既定目标的功能。在任何时候,一个人的行为动机总是由其需求结构中最重要、最强烈的需求（即对优越性的需求）决定的。所有人类行为都是由当时他们的较高需求引发的，因此需要做出努力以取得这种至高无上的地位。

这种努力的结果又作为新的刺激反馈回来调整人的需要结构，指导人的下一个新的行为。人的需求是主观思维目标的反映，不同的人有不同的需求，即使同一个人在不同的阶段也有不同的需求。激励的内涵是提供刺激主体的工作积极性，使其在追求个人需要的同时与高校高水平田径运动队目标保持一致。

学校对高水平田径运动队追求竞技成功的重视是明显的，但对运动员的学术进步不太注意。而实际上，高水平田径运动员的第一个身份是大学生，对学术的要求是不言而喻的。成就需要是一种内在推动力，推动着大学生运动员奋发努力。人都有成就需要，但强弱不同，因而推动力大小也不同。社会实践证明，成就需要强的个体，在学习中不断取得进步，而成就需要弱的个体进步就不明显。对于能在高水平体育竞技中获胜的大学生运动员而言其成就水平是比较高的，如何将他们的这种成就感迁移到他们对学习进步的关注上，需要有切实可行的对策。

运动员奖学金的设立对学术进步有重要的激励作用。运动员奖学金不同于竞赛奖励，是为了激励运动成绩优秀的大学生运动员学术上的进步而设立的。该奖项准确的表述应该是运动员学术进步奖学金。这种激励方法有其重要意义：在高水平运动队内部既倡导追求竞技成功，更倡导学术进步，实现办普通高校高水平田径运动队的目标。

第三节 高校高水平田径运动队建设与发展的动力指标

高校高水平田径运动队是社会大系统的一个组成部分,它与社会系统有着物质的、能量的、信息的交换关系,受所处的内外环境诸多因素的影响。高校的高水平田径队依靠高校在大学生中开展高水平运动,培养具有高运动能力、合格的大学生运动员。高校高水平田径运动队将高校的体育人才、体育场馆设施、运动传统等体育资源条件,结合高校的科学技术、人才、学科综合等教育优势,为国家培养高水平竞技能力的运动员,这些运动员同时也是合格的大学生。

一、指标理论

高校高水平田径运动队发展指标作为统计指标的一类,它的理论基础有两层含义:第一是指高校高水平田径运动队发展理论,它是高校高水平田径运动队发展指标研究的理论基础;第二是指发展动力指标的理论,包括基本指标的确定,指标体系涉及的框架模型,指标体系的类型,研究思路,核算内容和方法,综合指标的构建及监测、分析、评价和预测的方法论等。

高校高水平田径运动队建设与发展动力指标体系主要是根据一定的研究目标和任务对系统进行评价。从指标的功能来看,虽然评价功能是指标的核心功能,但不是指标的唯一功能,指标还具有反映、监测和比较等基础性功能。从评价论来看,高校高水平田径运动队建设与发展动力评价,是评价者对高校高水平田径运动队建设发展动力系统属性与评价者对高校高水平田径运动队建设发展动力需要之间价值关系的反映活动,即明确价值的过程。然而,需要是多层次的、多方面的,高校高水平田径运动队建设与发展动力评价指标通常是选择与某种人类需要相联系的价值关系作为评价活动的反映现象。高校高水平田径运动队建设和发展的系统是一个复杂的系统,只有明确定位已建立的指标体系,才能明确确定当前复杂研究结果的方向和目标,并真正促进整个发展过程的可持续研究。

二、高校高水平田径运动队建设与发展动力指标

(一)高校高水平田径运动队建设与发展动力指标的内涵与定位

高校高水平田径运动队建设与发展动力指标的研究,无论是在理论基础方面还是在研究方法等方面,都与传统的社会经济理论、社会经济统计学有一定的继承关系。作为统计指标的一类,可持续发展指标不仅具有以上统计指标的诸多基本属性,同时也有自身所特有的内涵:①高校高水平田径运动队建设与发展动力指标所要反映的信息量大,层次复杂;②指标涉及多学科背景;③高校高水平田径运动队建设与发展动力指标的强应用特性;④高校高水平田径运动队建设与发展动力指标的"动态性"。

高校高水平田径运动队建设与发展动力理论虽然与传统的发展理论有着一定的继承关系,但是,高校高水平田径运动队建设与发展动力主体的复杂性、综合性等特征决定了在指标研究的过程中必须对原来的研究方法有所突破。

（二）指标体系的构建原则

设计和制定高校高水平田径运动队建设与发展动力指标体系除了需要遵循目的性、科学性、典型性、可比性等一般共同的原则外，还必须考虑以下几条原则。

1.系统性原则

高校高水平田径运动队构成主体、所处的内外环境较为复杂，影响高水平田径运动队发展的动力因子非常多，包括从组成运动队最主体的运动员的体能、个性心理特征，教练员的执教能力、品德，到社会经济、政治、道德文化观念等，因此在实践中应以系统的方法分析确定高校高水平田径运动队发展的动力指标。

2.客观性原则

指标体系应客观体现高校高水平田径运动队发展的科学内涵。发展包括两个维度：竞技运动水平和学术进步。二者合二为一，共同组成。从高校高水平田径运动队诸多发展动力因子中按照对发展目标的贡献大小，客观科学地选取进入指标体系的动力因子。

3.层次性原则

判别指标体系必须要层次清晰，逻辑关系明确，从而使各判别指标有机地联系起来，组成一个层次分明的整体。既要全面体现核心判别指标，又要兼顾辅助评价指标，以保证判别指标的合理性和代表性。

4.可操作性原则

指标须易于得到，含义科学准确，数据收集和测定方便，标准规范，既能反映指标体系的定量结果，又能说明判别指标体系的定性状况,从而保证判别指标体系的简易性和实施性。

5.定性评价与定量评价相结合原则

定量评价法适用于高校高水平田径运动队建设与发展动力指标体系的构建。但是高校高水平田径运动队发展是一个复杂的社会现象,存在着大量的人文因素,具有一定的模糊性。就目前的状况来说,我们还无法用精确的数值来揭示教育活动中各种因素之间的复杂关系。因此,定性评价法对于教育领域也是非常必要的。

6.导向性原则

设计和构建指标体系是为了通过对高校高水平田径运动队发展内涵的界定,追求竞技成功和培养合格大学生二者的统一。选取相应的指标作为参照系以起到指挥棒和风向标的作用,推动高校高水平田径运动队发展实践。制定的指标体系既要反映高校高水平田径运动队的过去与现在发展状况,又要反映高校高水平田径运动队建设与发展动力以及未来发展趋势,促进高校高水平田径运动队健康快速发展。[①]

(三)动力指标的构建流程

高校高水平田径运动队建设与发展动力指标用来测度发展动力的强弱程度,直接来源于表征教育、训练和环境的状态指标。指标构建过程中有可能存在指标之间缺乏联系、指标取舍存在主观性和随意性、指标未加必要处理、表达方式复杂而且不可比等缺陷。

高校高水平田径运动队建设与发展的动力指标构建流程

---

① 易述鲜. 高校田径运动队训练管理研究与发展[M]. 北京:中国原子能出版社,2013.

为:①明确高校高水平田径运动队建设与发展动力的原理和目标;②确定问题与结构;③选择基本指标;④根据普通高校高水平田径运动队发展动力原理扩充相关指标;⑤解决边界问题补充不确定性指标;⑥指标筛选;⑦评价指标。

第三章 高校高水平田径运动队组织管理建设

第一节 高校高水平田径运动队组织管理建设的影响因素

通过我国近年来高校高水平田径运动的发展,高校高水平田径运动队的管理理念和管理结构成为影响高校高水平田径运动队组织管理建设的主要因素,特别是在和国外高校高水平田径运动队组织管理进行对比的情况下,这两个因素的影响更为明显。

一、高校高水平田径运动队管理理念

高校高水平运动队的管理理念是管理者对于运动队管理的理性认识,是一定时期内总的发展方向和指导方针,渗透在管理的全过程中,是管理者在管理实践、思维活动、文化积淀中形成的管理价值取向和追求。没有理念的高校高水平田径运动队管理是一种盲目的管理,而如果管理理念不付诸实践那也是一场空谈,先进的管理理念是高校高水平田径运动队健康持续发展的重要因素之一。因此,对中美高校高水平田径运动队管理理念进行比较具有一定的实际意义。

（一）我国高校高水平田径运动队管理理念

1986年，我国提出了"体教结合"的运动队管理理念。1987年，部分高校开始试办高水平田径运动队，标志着体育回归教育之路的开始。体教结合到底应该如何定义，一直存在很多争议。可以理解为"体育（事业）与教育（事业）的结合""体育部门与教育部门的结合""政府办专业运动队与学校办专业运动队的结合""专业运动队与学校教育机构的结合""竞技文化（价值）与学校文化（价值）的结合""运动才能与教育机会的结合""训练竞赛与文化学习的结合"等。真正的体教结合应该是把体育作为教育的一个组成部分，在对学生传授文化知识的同时培养学生自觉进行运动训练的意识。

我国高校高水平田径运动队作为体教结合的一种形式，是顺应社会主义市场经济快速发展的需求的。高校体教结合理念的形成有其特殊的历史背景。在20世纪中期，竞技体育采用单一的培养模式，运动员的培养流程为集中在"业余体校—省市专业队—国家队"，这种培养模式使运动员与文化知识学习发生严重脱节，在计划经济年代，这种模式还有生存的空间。随着经济体制发生深刻变革，就业压力普遍存在，社会竞争就是人才的竞争，运动员文化水平成为他们参与社会竞争的绊脚石。多少年来，退役运动员就业一直是体育管理部门试图解决的难题。高校办高水平运动队的初衷就是让运动员不仅具有较高的竞技能力，还要有较高的文化素质，更好地适应时代发展的需求。

经过多年的摸索工作，高校试办高水平田径运动队取得了一些成绩，但"体教结合"的道路一直走得非常艰难。一方面是由于国家竞技体育体制的因素,众所周知,竞技能力高的运动员一直垄断在体育系统中,高校只能招到一些竞技能力稍弱的运动员;另一方面是我国提倡应试教育,学生校园生活的重心是学习,成绩的高低是目前衡量学生是否优秀的最主要的标准,很多学生为了不影响文化知识的学习,对体育不重视,认为体育在学习生涯中可有可无,这就导致很多具有运动潜力的学生被埋没。因此,高校高水平田径运动队在很长一段时间内把招收水平低的退役运动员作为实现短期目标的一个途径,体育部门也视高校为解决退役运动员就业的渠道。

第23届世界大运会是高校体教结合的重大转折点,第一次由体育部门转向教育部门负责组织运动员参加比赛。清华大学培养的高水平运动员胡凯在这届世界大运会中夺得男子百米的冠军,这是对我国高校的体教结合理念所取得的成绩给予的肯定。第26届深圳世界大运会上中国代表队取得的成功使体教结合达到了一个新的高度,高校高水平田径运动队也成为社会关注的焦点,同时也树立了人们对高校走体教结合道路的信心,把高校高水平田径运动队作为后备人才的高级阶段是竞技体育发展的必由之路。

(二)美国高校高水平田径运动队管理理念

美国是竞技体育强国,一直在世界竞技体育中占据主导地位。学校是美国竞技体育人才的发源地,高校则是培养竞技体育人才的高级阶段,为国家竞技体育输送大量的高水平人才,在世界各种大赛中取得举世瞩目的成绩。这些成就充分说明了美国体育和教育已经达到完全的融合,体教结合理念取得巨大的成功。

1906年美国大学生体育联合会(National Collegiate Athletic Association,NCAA)成立,标志着美国高校体教结合管理理念的开端,美国高校高水平田径运动队就是体教结合理念的产物,并在理念的指引下得到蓬勃发展。美国高校高水平田径运动队成立以来已经拥有一百多年的历史,其形成的背景与美国竞技体育体制密切相关。美国的竞技体育不是举国体制,国家不设任何管理竞技体育的机构。对竞技体育人才的培养采取的是以学校为中心,依靠小、中、大学的一条龙运动训练体系,为国家培养双高的竞技体育人才。高校是培养竞技体育人才的高级阶段,在NCAA科学完善的管理下,培养了一大批具有世界顶尖水平的运动员。但运动队在发展之初,也不是一帆风顺的,也经历了体育与教育的不和谐,社会对体教结合的不认可等不利于高校高水平田径运动队发展的过程。在坚持体教结合理念不动摇的情况下,美国高校竞技体育逐渐从不成熟到成熟,建立了组织结构严密,管理方法科学,规章制度健全的管理体系。

美国是一个具有多元文化背景的国家,但人们对体育的态度是一致的,始终把体育当作公民的义务和职责,并坚信体育可以培养人独立的性格、坚强的意志和树立人的自信。通过体育不仅可以锻炼人的身体,还可以通过参加体育活动满足美国人的公平竞争意识,实现人的价值并得到社会的认可。这成了美国年轻人自觉进行体育运动的动因之一。但另一个重要的因素是美国的教育体制,美国教育的目的是培养多元人才,考试成绩不是衡量学生的唯一标准,高中考大学主要通过申请制,学生无论是在学业上、体育上或者个人能力上有一处特长,都能得到国家的资助,顺利进入大学学习。美国这种独特的教育体制激发了学生培养体育特长的热情,为巩固学校成为竞技体育后备人才基地提供了制度保障。美国社会办高水平运动队一直没有取得成功,但高校拥有先进的训练条件,高素质的教练员,使那些具备体育天赋的学生只有通过大学的培养才能攀登世界竞技体育的顶峰,这进一步促进了高校高水平田径运动队管理理念的发展,使体育完全融入教育之中,成为教育的一个重要组成部分。

(三)中美高校高水平田径运动队管理理念的比较

1.影响两国高校高水平田径运动队管理理念产生和发展的背景不同

高校高水平田径运动队体教结合理念的产生和发展主要受竞技体育体制和教育体制的影响。从竞技体育体制来说,20世纪80年代前,我国竞技体育管理属于政府管理型,也就是"举国体制",人才培养采用单一的模式,选拔有体育特长的学生直接进入体校培养,与学校的基础教育完全脱离,很多运动员退役以后因为文化知识缺乏很难找到工作,在这种情况下,国家在高校开始试办高水平运动队,这就是我国体教结合理念产生的体育体制背景。而美国竞技体育体制和我国截然相反,竞技体育一直以学校为中心,竞技体育人才的核心在学校,国家不直接管理竞技体育,不存在举国体制的竞技体育管理制度。

从教育体制背景来看,我国的教育属于升学考试教育,考试成绩是评价学生最主要的标准,基本上是要通过一年一次的高考才能上大学,因此,很多学生把重心放在学习上,不重视自身体育潜能的开发。高校高水平田径运动队虽然是体教结合的开始,但由于教育机制的影响,以及运动员综合素质不高,学训矛盾一直很难调和。而美国的教育体制注重学生全面发展的能力,学生可以利用自身的体育特长申请到满意的大学,这种灵活的教育制度大大促进了其高校高水平田径运动队的发展。

2.两国高校高水平田径运动队体教的结合方式不同

我国的竞技体育和教育是两个独立的系统,高水平田径运动员的培养主要集中在体育系统中,运动员的基础教育相对欠缺,这种模式虽然培养了很多奥运冠军,但很多专业运动员虽有竞技能力,但缺乏在就业市场中再就业的综合素质。体育系统为了解决这种模式带来的后遗症,把退役运动员送到高校继续深造,目的是解决退役运动员的文化学习和缓解就业压力等问题。而高校高水平田径运动队为了尽快提高竞技实力,实现短期的目标,乐意招收退役运动员,这种体教的结合并不是真正意义上的结合,只有淡化金牌,把竞技体育人才的培养放到学校,才能实现体育与教育的完全融合,让体育回归教育。而美国的体育一直是教育一部分,体育系统包含于教育系统之中,从基础教育开始,体育与教育就是结合在一起的,大学相当于体教结合的高级阶段,高校拥有先进的训练设施,完善的管理及高素质的教练员,在这些有利的条件下,高水平运动员的体育潜能得到充分挖掘,在世界竞技场上更易取得令人瞩目的成绩,高校高水平田径运动队培养的学生运动员不仅是明星运动员,更是优秀大学生。

二、高校高水平田径运动队管理结构

组织管理的主要任务首先是确定实现组织目标所需要的活动,并按专业化分工的原则进行分类,按类别设立相应的工作岗位,构建组织系统的结构,根据结构的设置对管理者的职位或职务进行划分,确定工作职责和权力,通过制定各种规章制度使组织能有效地协调相互间的关系,通力协作,最终使组织目标的实现达到最优化。

组织管理其实就是让人们知道工作应该是由谁去做,对他们的职责和权力进行怎样的规定,在组织中横向和纵向的关系又是什么,只有进行明确的划分,才能使组织的运行更加顺畅,更加有效地实现组织目标。

管理的历史证明,有效地进行组织结构的设置有助于组织内部合理的分工合作,组织工作的有序进行,全面提高组织的工作效率。组织结构设置应该遵循一定的原则,主要包括:①坚持以工作任务、组织目标为中心;②坚持责任、权力与职位等同的原则;③坚持以最少的管理机构完成最高效的管理目标原则;④坚持统一领导和分级管理相结合的原则;⑤坚持控制领导管理权限范围,避免权力过大的原则。

(一)我国高校高水平田径运动队的组织管理结构

我国高校高水平田径运动队的管理结构分为三个层次:一是国家教育部、国家体育总局和国家民政部,属于领导层;二是中国大学生体育协会和教育部体育卫生与艺术教育司,属于管理层,体卫艺司的训练处主管我国各高校的课余体育训练,中国大学生体育协会主管全国大学生运动会和举办全国性的高等学校(大学生)体育比赛和其他体育活动;三是各个会员大会及地方体育协会,负责操作具体事务。

中国大学生体育协会成立于1975年,是全国大学生运动的唯一全国性群众组织。四十多年来为我国高校高水平田径运动队的发展做出了一定的贡献。中国大学生体育协会田径分会每年主办各级各类全国大学生田径运动赛事和训练营30余项。同时,组派各高校高水平田径代表团赴国外参加国际大学生体育赛事和交流活动,并多次承办大学生体育赛事,极大地促进了我国大学生与亚洲乃至世界大学生之间的交流。

(二)美国高校高水平田径运动队的组织管理结构

美国大学生体育联合会是美国专门负责管理高校竞技体育的非营利性的社会团体,也是美国职能最广、规模最大、会员最多的体育管理机构。美国管理大学竞技体育的组织管理结构主要有三个层面。

1.外部管理层面

美国大学生体育联合会是外部管理层,也就是最高权力机构,负责管理美国大学竞技体育的各项活动。大学生体育联合会成员学校根据各个高校运动队的规模和水平分为Ⅰ级、Ⅱ级和Ⅲ级3个组别。美国是世界上大学教育最普及的国家,也是竞技体育强国,同时竞技体育人才主要来源于学校,因此,美国大学生体育联合会在管理竞技体育中占有较高的地位,美国大学生体育联合会所管理的学校体育属于业余体育,但其在整个国家竞技体育中的影响力与美国奥委会、职业体育的单项协会相比毫不逊色。

2.中间管理层面

大学生体育联盟是管理大学体育的中间层,联盟的主要活动是进行比赛,划分不同联盟的标准主要有学校规模、学术水平及地理界限。美国大学生体育联合会对联盟中学校的最低数量有明确的规定,每个联盟至少有6个以上学校加入才能得到联合会的认可。校际竞赛大部分在联盟中举行,大学生体育联盟在组织校际体育竞赛中起到主导作用,美国大学生体育联合会3个等级成员学校共成立了130个联盟,其中Ⅰ级成员学校有51个联盟,Ⅱ级成员学校有24个联盟,Ⅲ级成员学校有55个联盟。

各联盟可自行成立委员会,安排比赛的日程、场地及各种比赛的相关事项。同时还可以根据实际情况,制定规章制度来管理联盟所负责的各高校间的竞赛,但所制定的规章制度不能与联合会宪章相违背,必须和宪章保持一致,一些联盟规定的规章比美国大学生体育联合会宪章还要严格。

3.内部管理层面

内部管理层面是各级学校内部的体育管理结构,分为独立管理和非独立管理两种体制。独立型的管理体制和非独立型的管理体制在横向关系、评价标准、组织机构和经费管理上均存在着差异。

(三)中美高校高水平田径运动队组织管理结构的比较

1.中美两国高校高水平田径运动队的管理结构中机构设置不同

通过对管理结构的分析得出,中美两国高校高水平田径运动队在组织管理机构设置方面有着比较大的差异。从我国的管理结构可以看出,我国高校高水平田径运动队由政府负责拨款的大学生体育协会负责管理,还没有建立联盟管理模式,组织结构比较单一;美国在管理上设置的机构远远超过我国大学生体协,如Ⅰ级、Ⅱ级、Ⅲ级协会下面分别设立两个委员会。第二层的大学生体育联盟数量众多,在管理竞赛中发挥重要作用。因此,美国管理结构中合理的机构设置,使得各个部门在处理各种问题时,能够得到及时有效的解决。

2.中美两国高校高水平田径运动队在组织管理中权力分工不同

我国高校组织管理的最高领导是教育部、体育总局及民政部,而大学生体育协会处于中间层次,各会员位于最底层。权力分工不明确,有较强的行政集权,从整个结构层来看,我国管理结构是属于一种"垂直管理型",这种管理的优点是能够达到统一领导,上级命令层层下达,但管理结构简单,这样不利于调动大学生体育协会及下级管理层的积极性。美国从外部管理层来说,大学生体育联合会通过立法管理高水平运动队各项事务;中间层是大学生体育联盟,管理高水平田径运动队的竞赛活动;内部管理层主要是高校校长和体育部门的管理人员对高水平田径运动队进行管理。美国的管理结构保证了在管理中分工明确,有利于各协会的协调发展,充分调动各协会的积极性。[①]

---

①冯传诚.高校田径运动队建设管理与训练研究[M].北京:中国水利水电出版社,2013.

第二节 高校高水平田径运动队
组织管理建设存在的问题

一、高校部分领导对体育重视不够

目前国内有部分高校领导对于体育的看法、重视程度不一样，而领导是决策的制定者，这将影响高校的体育发展，很大程度上也影响到高校的高水平运动队的训练水平。当今有许多高校认识到了体育的重要性，体育是提高学校声誉的一种重要手段，体育的本质特征也决定了其在学校这一场所的重要性，有助于加强学校的安定与凝聚力，通过体育锻炼能使学生拥有健康的体魄，形成终身锻炼的意识。但是，并不是所有的高校都能认可体育的重要性，有些学校的体育略显滞后，影响到高校的高水平田径运动队的组织建设与发展。对于田径运动队的发展，并没有引起大部分的高校领导的重视。相当一部分的高校领导对此还存在理解上的"误区"，因此在以后的工作中，高校不仅要加大对田径运动队的关注与组织管理力度，还要加强对运动队的人文关怀，才能让运动员刻苦训练，教练员努力带队，从而能够获得一个满意的成绩。

二、高校的招生政策存在不足

每年各高校按照国家教育部招收高水平运动员的有关规定，结合本校实际情况，制定当年的招生简章，但每年全国的招生情况都存在两极化比较明显的现象：老牌高校和新晋高等学校差异性较大，招收的运动项目重复多，这些问题在招生政策制定时均较少涉及。

部分高校高水平田径队自主招生选拔的过程是不公开的，存在不公正现象，这不仅影响到学校的形象，也动摇了教育选择机制的社会信任，还会减少优质生源的选拔，从而对高水平运动队发展带来不利因素。运动员通过每年举行的高水平测试来检测自己的运动成绩，若在测试中达到了国家一级或国家二级运动员的成绩，则有条件报考针对高水平运动员招生的大学。但是高校的教练员对其所招收的运动员的运动伤病、历史成绩等这些基本情况完全不了解。这也导致了许多因为某些因素没有在考试中发挥好的运动员，与大学擦肩而过的情况。

三、培养目标和培养理念不够全面

培养具有从事本专业体育教学、训练的教练员，通过学习现代的训练理论使其理论水平得到提升。在实际的培养过程中，大部分高校不能够按照既定的标准去完成培养，许多学生学习的技能、理论的习得仅仅是靠教练员的主观感受或者体验所得，并不具有科学理论依据，也难以做出科学的解释，从而导致了大部分学生对完成毕业论文感到吃力，影响到了就业这种情况也反映了运动员缺乏理论的学习。部分教练员也认为确定正确的培养目标和培养理念是高校高水平田径运动队组织管理建设过程中亟需解决的问题。

造成这种现象的原因，一方面是学校培养高水平田径运动员的定位与现实水平存在一定差距，并没有及时地修订培养目标；另一方面是学校片面地注重运动成绩，为学校争取荣誉，从而忽视了学生运动员的政治教育及专业的理论学习。

这使得整个运动员的努力方向有了偏差,使领导、教练员、管理人员等相关人员把精力放在了通过训练争取荣誉上,这与办高水平田径运动队的初衷相差甚远,从而严重制约了高水平田径运动队的建设与发展。

四、规章制度有待完善

高水平田径运动队的发展要依靠一系列的制度来保障其平稳运行,使运动队的管理井井有条,做到有法必依,违法必究。但就目前来看,大部分田径运动队的规章制度不完整,存在弄虚作假等问题。如针对运动队教练员、运动员、场地设施等方面的规章制度还存在缺陷,针对人员的保障、待遇措施还不够到位,从一定程度上来说制度建设不够完整。

例如,针对教练员的职称晋升、待遇问题、奖励措施等方面的机制不够健全,某些政策落实不够到位,影响到了教练员的工作积极性,从而影响到运动队的整体成绩。当前高校的普遍做法是教练不仅要从事日常的训练工作,还要兼职上公共体育课,工作繁重,工作时间长,影响到教练员的执教效率。教练员的课时折算成工作量以补贴的形式给予教练员。即使带出成绩,在职称评比、物质奖励方面做的也不够细致。教练员普通反映的问题有工作量大,待遇较低,训练积极性不高等。

五、日常管理不够健全

高校培养高水平田径运动员时,高校内的体育院系或体育部、教研室的管理工作可能是由部分田径教练员兼职完成。另外,即使多数高校可能已经颁布了有针对性的规章制度来管理运动员的日常训练和学习生活,但实际上管理还有许多不到位的地方,如管理机构不健全、专职化较低等问题。高校田径运动队要想培养出更好更多的高水平运动员,同时让运动员在比赛中可以发挥出最佳成绩,必须制定并严格实施科学的、完善的训练管理制度作为重要保障。目前大多数高校在培养高水平田径运动员的过程中,对运动员的管理存在不少漏洞,很多制度也不合规,这势必会影响高校田径运动员在比赛中提高运动成绩。据此可知,高校在田径运动员进校后的专业选择制度以及学习与训练冲突问题上,还需要不断优化管理水平,要保证运动员能够提升自身运动水平的同时,也能学习好专业理论知识,这样才能培养出高水平、高素质、高能力的综合型人才。[①]

第三节 高校高水平田径运动队
组织管理建设方向与途径

一、高校高水平田径运动队组织管理建设方向

在当前国情的影响下,我国高校高水平田径运动队竞技能力的建设也相应有中国特色,根据我国未来竞技体育发展的取向与需要,高校高水平田径运动队竞技能力建设将朝着以下方向发展。

(一)实现政府调控下的市场配置

在市场经济条件下加强高校高水平田径运动队组织管理,

---

①关廷贤. 江苏省高校高水平田径运动队现状调查与对策研究[D]. 扬州:扬州大学,2010.

必须符合市场经济特有的体制和机制要求。在通过市场,让"看不见的手"按照自身规律调控竞技体育资源的同时,强调政府对竞技体育的必要调控,以此形成有序化的竞争环境。然而在市场经济条件下,国家调控的手段和力度与计划经济相比仍有一定差距。采用政府调控下的市场配置,可以解决可能出现的诸多矛盾和问题。

(二)建立一个适合中国发展的扁平化的组织发展模式,提高管理效率

以行政领导体制管理体育的历史将逐渐被淘汰,取而代之的将是一种适合我国社会主义市场经济的新型高校高水平田径运动队组织管理体制。按照决策层次的不同对管理体制进行垂直分化的同时,在同一层次按照群体类型的不同对成员进行水平分化。这一形式可减少管理的中间环节(减少机构和人员)、缩短或加宽组织结构、减少功能交叉,从而提高管理的效率。此外,还可解决管理部门功能重叠,管办难分等问题,缩小等级差别,加强公平竞争。

这种水平化、宽幅度、扁平化的高校高水平田径运动队组织管理结构,通过压缩行政力量在体系中的结构比例,放大运动队的参与力度,强化行政力量的主导地位和运动队自身的主体地位来体现在我国高校高水平田径运动队组织管理体制中的作用,将大大提升高校高水平田径运动队的管理效率,是一种新型的管理模式。

(三)采用"双向"管理体制,注重团队个体的发展和自主决策

"双向"管理体制,即采用行政管理和运动项目协会管理为主的管理体制。我国的单项协会虽与国外在群众自发的基础上自下而上建立起来的单项协会有所区别,但从未来发展趋势上看,经过必要的改革与调整,将有利于维护团队个体的发展和自主决策,必将成为高校高水平田径运动队组织管理体制中的重要元素,发挥中坚作用。

(四)加强竞争机制在组织管理中的作用

我国未来高校高水平田径运动队组织管理的建设力求淡化体制中同一层次的等级差别,通过运动团体之间无高低差别的并列关系,加强可比性,为公平竞争提供了可能。竞争机制在高校高水平田径运动队组织管理中不仅可促进成员水平的提升,同时还可通过优胜劣汰来优化组织构成。

二、高校高水平田径运动队组织管理建设的基本原则

(一)系统性原则

高校高水平田径运动队组织管理建设应从总体上进行全面考虑,既要结合现代田径运动发展特点,又要兼顾我国高校高水平田径运动队的现实状况和发展规划;既要与市场经济及社会变革全面接轨,又要符合田径运动队自身发展规律,使高校高水平田径运动队组织管理的建设形成一个环环相扣的有机整体。

(二)通用性原则

科学合理组织管理建设既要满足高校高水平田径运动的发展需求,具有一定的"刚性",又要兼顾高校高水平田径运动的实际情况,赋予相当的"弹性"。只有具有"普遍适用性"的组织管理建设,才能用以指导田径运动队的发展,并使不同项目在同一个目标体系下保持大体相同的步调,在一定的起跑线上统一运作,整体推进。

(三)可操作性原则

一般来说,高校高水平田径运动队组织管理建设具有导向性、统一性和实践性。科学合理的高校高水平田径运动队组织管理建设,应是具体组织管理创新内容的系统整合以及实际创新各环节的抽象概括,而可操作性是其效度的根本体现。如果高校高水平田径运动队组织管理建设体现不出可供行动的具体内涵,不仅会失去其自身存在的价值,而且会导致高校高水平田径运动队错失发展的良机。

三、高校高水平田径运动队组织管理建设途径

(一)建立合理、有效的高校高水平田径运动队管理体制

目前,我国高校高水平田径运动队主要有以下三种发展模式:第一,集中型。主要是指科学化程度要求较高、运动员出成绩年龄较早、普及程度较低的项目。目前代表性的项目有竞走、撑杆跳高、铁饼、标枪等。这类项目应以集中型为主,体现“精”“尖”的原则。第二,集中与分散结合型。此种类型主要以径赛项目为主,单项较多、涉及面较广,其中有些小项,高校有积极性,并具有较雄厚的人才基础、技术力量和物质条件。对这些项目,可以采取结合型的形式,即集中解决部分任务、分散下放部分任务。高校高水平田径运动队集中解决的任务,仍要遵循“精”“尖”的原则,对于分散进行的小项,要坚决下放到各组进行。第三,分散型。不进行定期训练的项目,可指定专人成立专门项目组进行管理。

我国高校高水平田径运动队组织管理建设的形式是集中与分散结合型,由于田径运动项目众多,不可能面面俱到,因此,在遵循"精""尖"的原则上有条件地将管理权限进行下放,这一方面可以保证高校高水平田径运动队对重点项目的投入;另一方面也可以调动团队下各组田径运动的积极性。同时也可以鼓励部分有条件的高校来开展一些项目的训练工作,利用高校的教育、科研优势为训练注入新的活力。

(二)加强符合高校高水平田径运动队发展规律的科教管理

加强符合高校高水平田径运动队发展规律的科教管理:首先,要坚持完成大学阶段的既定文化课教学内容;其次,在完成普通大学文化课程教育的基础上,对田径运动员进行有针对性的体育知识培训;最后,对于具备条件的运动员,要鼓励其接受更高学历等级的教育,以体育专业为主,使他们成为具有一定体育理论水平的教练员、体育管理人员、体育师资和各行各业的体育骨干。对田径运动队教练员要继续学历教育,建立教练员岗位培训制度,有计划、有步骤地提高现职教练员队伍的素质。

改革科研体制,促进科研与高水平田径运动队组织管理的进一步结合。使科技服务能够深入高水平田径运动队管理核心,并提升高水平田径运动队管理的科学化水平,提高教练员与运动员对运动队管理的认识,增强教练员、运动员的科研意识,使科研和管理有机结合,促进管理质量的提升并最终为提高运动成绩服务。

(三)处理好管理与服务的关系

现代管理越来越强调服务,服务是管理行为的基本含义之一。管理者的服务不仅意味着对被管理者的具体帮助,如对被管理者提供必要的劳动条件、生活条件、工作条件,帮助他们解决困难,创造其发挥作用的客观环境等,而且随着现代化管理活动的日趋复杂化,所谓管理更意味着必须通过各方面的工作,以尽可能少的人力、物力、财力、时间,达到理想的目标。管理代表着一种客观的需要和要求,代表着为这种客观需要和要求而提供的服务和所具有的恰当的工作方法。同时,就管理权力和责任而言,要实现其权力和承担的责任,就必须进行服务,服务才是权力和责任的基础。

高校高水平田径运动队的组织管理工作,除了一般管理的特点以外,还有其特殊的特点,如管理对象的"专业化"的特点,决定了管理主要的不是"管",而是引导;管理对象从事运动项目的相对"单调化、枯燥化",决定了管理主要的不仅是要求,更是关心和帮助;管理对象间的人际关系"紧密化、多维化",决定了管理者的重要任务是协调服务。

从我国高校高水平田径运动队组织管理的基本职能看,高校高水平田径运动队组织管理应该始终站在国际竞技体育的最前沿,紧密结合现代田径运动的发展要求,依托多学科科技成果与体育院校教育资源的交叉优势,努力进行管理理论创新、管理观念创新、管理制度创新,特别要抓好管理理论与观念的源头创新,结合现代科技成果推动管理质量提高。[1]

---

[1]李凤琴. 普通高校田径运动队训练与管理探索[M]. 北京:中国原子能出版社,2018.

高校高水平田径运动队应该成为交流借鉴世界体育文化的重要窗口,努力创造和传播新知识、新思想、新理论。高校高水平田径运动队组织管理的一切工作都要围绕提升训练成绩服务。从这个意义上说,服务既是田径运动队组织管理的一种工作方式,又是田径组织管理工作的根本宗旨。因此,高校高水平田径运动队组织管理工作必须首先正确处理好管理与服务的关系,通过体制创新,实现田径训练管理由"督管型"向"服务型"转变。

第四章 高校高水平田径运动队竞技能力建设

第一节 高校高水平田径运动队竞技能力建设的影响因素

一、运动员生源因素

（一）运动员来源

生源一直是高校高水平田径运动队竞技能力建设的重要影响因素，优秀的学生不但对学校田径竞技成绩的提高起着关键作用，而且推动着我国高水平田径运动队的整体成绩。现在我国高校高水平田径运动队的招生分为两类：达到二级运动员运动等级，文化课参加高考达到本科第二批次的65%入学；达到二级运动员运动等级以上的运动员，参与学校自主招生进入学校，不通过教育部考试。

我国普通高校高水平田径运动员主要包括普通高中生和专业队"挂靠"以及退役运动员。从高中生入校的高水平运动员，因为保持常年的系统性训练和系统的文化课学习，文化课成绩能达到二本线的65%，有的甚至达到二本线入学，运动成绩又能达到二级运动员，因此可以称他们为"学生运动员"。退役运动员、部分体校学生、专业现役运动员在入学前接受全面系统的训练,运动技术等级较高,但较长时间从事运动训练,从事学习的时间较少,针对于上者,这类学生我们可以称为"运动员学生"。

"学生运动员"运动素质较好,年龄多在 18 ~ 21 岁,运动等级多在二级水平,虽参加国内或者国际比赛还是有一定差距,但是这些学生文化课成绩中等,进入大学后能较快的进入所学专业的环境,且因为年龄小,成绩提升空间较大,日后经过系统性的训练,运动成绩可望得到较大的提高。将"学生运动员"培养成为素质型的竞技人才,对高校高水平田径运动队竞技能力建设有极大的促进作用。

"运动员学生"包括专业现役运动员、退役运动员、体校学生。这类学生接受过系统的训练,技术等级相比上者较高,对于高校来说无须太多的时间培养就可为学校带来荣誉。既减少了学校的投入,也可以为学校带来回报。根据国家有关规定,适当招收一些对国家做出重大贡献的运动员并给予其进一步深造的机会,也是完全必要而且合理的。由于训练水平和自身竞技状态的下滑,此类运动员的竞技能力在高校的训练中很难得到进一步的提升,这类学生的文化课水平不高,进入高校能通过学习提升取得一个大学毕业证,在专业队退役后能找到较好的工作。

(二)运动员训练年限

运动员的训练年限指运动员参加训练的总年限。通过调查得知,运动员训练年限主要集中在 3 ~ 5 年、6 ~ 8 年这两个时间段。训练时限为 3 ~ 5 年,这部分运动员是从初中开始参加训练,以体育特长生的身份进入高中,参加训练的时间较长,素质较好。训练年限为 6~8 年,这部分运动员基本上从小学就开始训练,训练年限长,参加比赛经验丰富,但是由于参加训练时间较长,部分运动员在长期训练后给身体造成了部分伤害。除此之外,少数的运动员训练年限人于 8 年,这部分运动员通常为专业在役运动员、退役运动员等,有较强的竞技能力,通常是为学校摘金夺银的选手。从整体来看,高校高水平田径运动队运动员训练年限以 3~5 年、6~8 年为主。这点也说明了高校高水平田径运动员整体年龄趋于年轻化,有过较为系统的训练,身体素质较好,具有很大的发展潜力。

(三)运动员入校前的运动等级

运动员的竞技水平在一定程度上代表着学校高水平运动队的最高竞技水平,运动等级是运动员竞技能力最直接的反映。根据 2014 年的一项调查问卷,我国高校高水平田径运动队员入校前的运动等级如下:二级运动员占比例最大,这些运动员基本上来自高中生,运动水平不是很高,达不到参加国内比赛的成绩,健将级运动员和一级运动员较少,真正能出去参加比赛的运动员太少。但二级运动员多为高中应届毕业生,在年龄上有很大的优势,通过加大科学的训练力度,进一步完善科学的训练方法,可以弱化因一级运动员较少的不利局面。

二、教练员因素

高水平教练员来源及其构成问题是我国高校高水平田径运动队竞技能力建设过程中必须面对的问题。教练员是高水平运动队的重要部分,随着高水平运动队规模的不断发展,教练员在学历、年龄、训练年限等方向趋于年轻化和专业化。教练员在整个运动队中处于承上启下的作用,组织运动员训练的同时兼顾带队参加比赛。随着现在训练方法和理论研究不断深化,运动训练的科学化程度和运动水平日益提高,这就要求教练员有良好的政治素质和业务素质。可以主要从教练员的年龄结构、运动经历、职称结构、执教形式、选聘方式、培训情况六个方面进行分析。

(一)教练员的年龄结构

年龄结构在一定程度上反映了教练员带队参加比赛的次数、参加训练年限、科研情况等。过于年轻化则带队参赛经验、训练经验可能存在不足;若年龄趋于大龄化,则现代最新的训练方法和理论可能存在不足。

目前高校高水平田径运动队教练员年龄主要集中在28～50岁。因此,目前高水平田径运动队教练员年龄结构较为合理。

(二)教练员的运动经历

运动经历,即运动员所参加比赛的次数及其取得的最好成绩。从我国目前情况来看,优秀运动员的教练员多在全国或者世界级的比赛中取得过优异的成绩。教练员的运动经历可以更多地了解到运动员所处的训练状态、心理特征,特别是在赛前、赛中的心理、训练状态。这些都能够帮助运动员有效地克服紧张等不利状态,及时对运动员的训练状态进行反馈,可在较大程度上提高高校高水平田径运动队的竞技能力。

(三)教练员的职称结构

教练员的职称结构是指教练员队伍中初级(助教)、中级(讲师)、副高级(副教授)、高级(教授)职称的比例,是衡量教练员专业素质的重要尺度之一。教练员职称在一定程度上也反映了学校对教练员能力的认可度。

(四)教练员的执教形式

教练员的主要任务是带队训练、比赛,以提高学校高水平田径运动队成绩为目的。从运动员的选材到运动员的训练包含着复杂多样的内容,需要耗费教练员大量的时间和精力。保证教练员充足的时间和旺盛的精力是完成训练任务的基础。高校田径运动队教练的执教形式主要是承担教学、训练双重任务和只承担训练任务两种方式。但绝大多数教练员要承担教学和训练双重任务,这就不可避免地使教练员无法把全部精力集中在训练上,这对高校高水平田径运动队的发展比较不利。

(五)教练员的选聘方式

运动员的选拔、训练水平、比赛成绩等和教练员的综合政治素质和综合业务能力有着密切的联系。教练员的聘用对运动队的发展起着重要的作用,优秀的教练员能带领着运动队向好的方向发展。

(六)教练员的培训方式和培训情况

现代社会是知识不断提升的社会,运动训练学理论和实践的不断完善,新的训练理论的形成,外来训练方法的引进,都要求教练员时刻保持知识理论的不断完善,通过对教练员的培训则是实现这一途径的主要方法。如果教练员培训次数较少,则会存在对最新的训练方法和理论的引入不当等问题。所以组织高水平田径运动队教练员积极参加培训,如参加大学比赛、参加各种培训班、参加讲座与校际间的交流,甚至鼓励教练员出国深造,对强化我国高校高水平田径运动队竞技能力很有帮助。

三、运动队办队保障因素

(一)运动员训练经费

训练经费是否充足在一定程度上影响着运动员参与训练的积极性,从而对训练效果产生影响。教练员是训练的核心人物,也是和运动员接触最多的人,教练员对训练经费的认可度在一定程度上是对真实情况的具体反映。

《普通高校高水平田径运动员的调查与分析》一文提到,多数高校教练员认为运动员补助方面存在不足,少量教练员认为一般。运动员的补助主要集中在一般水平,甚至部分高校出现缺乏现象。这种中间多、两端较细的发展结构,不利于运动员成绩的提高,甚至会影响到运动员的身体成长,从而无法较好地完成训练任务。在教练员补助方面,大多数教练员对教练员的补助基本满意,但认为仍需提高。

运动员在参加比赛期间,在吃、住、行方面的花费、日常领取补助和取得优异成绩时的奖励称为参赛补助。运动员的最佳竞技状态受多方面的影响,其中较为重要的一条是,适应比赛环境出现的状态,如果在参赛补助中存在不足,经过长途的跋涉,又不能提供舒适的休息环境,这在很大程度上会影响运动员最佳竞技状态的出现,甚至会导致其出现竞技状态下滑的情况。

(二)训练器材与训练场地情况

训练器材与场地的多少,影响着运动训练的规模和质量。目前我国高水平田径运动队学校的场地器材和训练场地基本能满足运动员训练的需要,每个学校都有标准的400米田径场地,训练器材基本齐全。近年来随着各高校校区基础建设的不断提高以及高水平队评估开展,学校加大对基础设置的资金投入,在一定程度上加快了我国高校高水平队伍的建设。即使各个高校场地器材有所增加,但是较先进的科学器材还是比较紧缺。例如,判断运动员疲劳的握力器、背力器等;力量训练,绝大多数仍采用单一的杠铃等,并没有整套的力量训练器械和评价检测器械。

(三)医务监督

运动训练中指出:没有疲劳的训练不能称为训练。疲劳的发生是机体的自我保护现象,正确的发现疲劳,能够及时阻止运动损伤的发生,如果大强度的,超出肌体负荷的训练则会造成相反的效果,出现裂变。运动训练中运动成绩的提高避免不了运动损伤的发生。医务监督则是预防和治疗运动损伤的主要力量。医务监督既保证运动员参加训练时不损伤身体,又延长了运动员的运动寿命。

(四)田径运动队科研保障

当今社会,处处渗透着高科技因素,体育的竞争经过不断的演化正朝着科学化改变。高校高水平田径运动队的发展与进步,在一定程度上取决于最新科研成果的运用情况,高校必须充分发挥出自己的科研优势和人才优势,将运动训练实践和体育科学研究紧密结合,提高训练的效益,走科学训练的捷径,努力把高校高水平田径运动队办成科技先导型的运动队。

如今,体育训练理论方法不断吸收运动心理学、运动生理学、运动医学等知识,综合应用于运动训练,这些交叉学科知识一方面丰富了体育训练理论,推动着体育训练朝着科学研究的方向发展。如我国田径运动队运动员日常训练中,速度检测器、力量训练器、生物力学图像分析等先进手段和仪器，对田径运动队成绩的提高起到了极大的推动作用。

(五)营养保证

合理的膳食、均衡的营养是保证人体正常发育、强健体魄的重要因素。高校高水平田径运动员除了每天要进行高强度的运动训练外，还要承担一定的文化课学习任务，因此充足的营养补充是运动员取得优异运动成绩的基本保障。随着体育科学的不断进步，人们对营养的认识不仅仅停留在维护运动员的身体健康和提供运动训练所需要的能量，而是根据不同项目运动员的物质代谢特点，科学地、合理地利用营养因素帮助运动员提高运动成绩。合理的营养是维持人体正常新陈代谢，保持健康和取得优异运动成绩的基础，运动员在训练和比赛的不同时期，需要摄入体内的能量也有所不同，如果运动员的饮食不合理，就会直接影响训练效果和比赛时运动水平的发挥。

四、项目布局因素

项目布局是指运动员参与训练项目的整体情况以及具体的比例组成，项目布局应该根据学校自身的优势来确定。《影响河南省高校高水平田径竞技水平因素的分析》一文考察了我国高水平田径运动队项目分类，径赛项目开展有100米、200米、400米、500米、800米、1000米、1500米、3000米、5000米、10000米、100米栏、110米栏、400米栏。田赛项目开展有铁饼、铅球、跳远、三级跳、跳高。我国的高水平田径运动队项目主要集中在短跨，因为短跨类项目在各中小学是重点开设项目又容易开展，同时现在短跨是我国主要项目之一，再加上短垮项目能参加各类接力项目,这样就造成了绝大多数运动员以短跨项目进入高校。而中长跑和跳跃类项目则排在第二、三位,易于开展,且参与训练时对器械和场地的要求较低,青少年运动员在选择时易选择该类项目。投掷类项目因为中小学开展场地器材设施有限,另外投掷类项目又带有一定的危险性,因此投掷类的项目运动员较少,后备人员相对不足。相对于前面的项目,竞走和全能则对运动员和教练员都有较高的要求,全能类项目包含了跑、跳、投的综合性独立项目,由于对身体要求的特殊性,在中小学开展竞走的不多。竞走项目是具有特殊技术要求的一种运动,它的特点在于对走的技术结构有着非常严格的限定。竞走技术的运动学分析出我国 16 ~ 17 岁少年竞走的技术性较强,然而中小学较缺乏竞走的教练员,加之中小学开展竞走和全能项目不够普及,从而造成在竞走和全能上出现盲点,造成这方面后备力量严重不足。

五、运动员学训之间矛盾

高水平运动员学训矛盾一直是困扰运动员和教练的主要问题。只注重对运动员运动成绩的提高,则不利于运动员以后的长期发展。过多注重运动员的文化课成绩,则违背了招收高水平运动员的原则。两者处于相互牵制的关系,若处理不当,对于运动员的发展极其不利。如何取得二者的平衡,是当前高校高水平田径运动队建设与发展面临的重要问题。

(一)运动员的训练时间

训练成绩的提升是一个量变到质变的过程,成绩的提高是在大量训练的基础上,打破本身的技能稳态状态,促使量变达到质变。训练时间的充足是实现运动训练成绩提高的必要前提。在高中时期由于训练器材和场地的局限性,训练时间可能相对较少,进入大学后,各高校对训练的时间如何安排是一个重要问题。虽然每个学校对训练时间有硬性的规定,但是也不能保证每个学生保时保量地完成训练任务。一些高校周训练次数在6次,训练时间在1~2小时,每周训练时间为12小时。12小时的周训练量远远低于专业运动员的训练量。训练时间的不足,会在很大程度上对高校高水平田径运动队竞技能力的提高产生不利的影响。

(二)运动员学习态度

运动员从事较大强度的运动训练,容易引起训练疲劳,从而使脑力疲劳,没有充足精力进行文化课学习。运动员的价值观和人生观也是影响运动员努力学习文化课的因素,部分高校为了便于高水平运动员顺利毕业,从而降低文化课成绩考核标准,使运动员以较低分数就能通过学校文化课考核,这种做法降低了运动员对文化课成绩考核的重视程度。

训练与学习,前者是为学校带来荣誉,后者是为自身的发展打定基础,要做到两者都要兼顾,就要合理地安排训练计划。成绩的提高应是运动成绩和文化课成绩同时提高,这样才是高水平运动队健康持续发展的道路。

六、运动竞赛因素

竞赛是检验训练效果、运动水平、提高训练积极性和运动成绩的重要手段。通过竞赛不仅可以找出有效的措施和方法,使训练的目标更加明确,而且还可以相互促进,增进友谊,从而使运动员的成绩得到进一步提高。竞赛对训练具有导向和促进作用,竞赛是对运动员训练成效的检验,是提高训练积极性和运动成绩的有效手段,在竞赛中取胜是训练的最终目的,一切训练手段和行为都是围绕竞赛而展开的。运动竞赛良好的场地设施和比赛氛围,为高校高水平田径运动员在竞赛中取得优异运动成绩提供了有利条件,而较高的运动竞技水平也只有在比赛中才能表现出来,从而才会得到社会的认可。

当今世界田径运动中高频率的比赛,改写了运动训练的理念与方法。传统的大周期理论"准备期—比赛期—过渡期",已经不能适应当前的赛制,由此应运而生的是"小周期"理论(有人称其为"高频短振"理论)和"以赛代练法"。在比赛中取得优秀的运动成绩取决于运动员日常的刻苦训练,更重要的是运动员的临场比赛状态。对场地的适应性,观众的干扰性,比赛天气的变化性,都需要在经常参加比赛过程中得到锻炼和适应。[①]

第二节 高校高水平田径运动队
竞技能力建设存在的问题

一、文化课安排不够细化

从国内体育教育来看,多数高等院校进行本科教学时,都将培养复合型、综合型人才教育作为其主要发展目标,想要提高我国高校高水平田径运动队竞技能力,就意味着运动员要

具备全面的、扎实的基本学习功底，同时在训练的过程中，各高校学生除了要对高深的专业知识有所掌握，还必须拥有宽广的综合知识水平。目前我国绝大多数高校会在运动员进入高校后进行统一的专业课安排，但是在专业课安排过程中，高校通常将运动员大量分配在文科类专业，运动员虽然可以较轻松地学习文科类专业，但缺乏对其他类学科的学习。随着社会发展对人才需求的提升，简单掌握单一的知识体系的运动人才难以适应社会发展需求。通过全方面的文化课程学习，加强复合型运动人才建设才是高校高水平田径运动队竞技能力建设的有效方法。

二、高校教练员执教经验不足、难以专职教学

就目前我国高校高水平田径运动队教练的职称级别来说，高级职称教练员占总数的一半以上，中级职称教练员占的比例也不少，单就职称级别来看，大部分高校能够符合要求，同时可知有些教练员执教经验也很丰富，可是综合素质却不如专业队教练员，相比之下有比较明显的不足之处，大多数高校田径教练员普遍执教经验不足。部分高校田径教练员在从事体育院系的专业教学的同时还要指导学生体育课，这势必会要求田径教练员既能执教运动队，而且还要拿出精力去完成其他琐事。教练员毕竟精力有限，繁重的教学任务会使他们很难全身心地投入高水平田径运动员的执教工作，教练员的教学、训练与比赛任务等各种压力，将使得其自身职业的工作难以做好，自身的执教经验难以得到累积，另一方面极有可能影响高校高水平田径运动队竞技能力建设。

三、运动员学习与训练冲突问题

随着我国高校田径运动事业的迅速发展,成绩越来越显著,但是我们应时刻保持清醒,要重视运动员在文化知识基础方面的问题,更应该注意运动员学习与训练中存在的不协调问题。

我国大多数高校采用"学分制"与"学年制"相结合的方式,高校同时也通过增加高水平运动员学习时间、依照集训或比赛的具体情况来抵消部分专业课程学分,可是学习与训练冲突问题还是很突出,教练员认为学习与训练冲突是高校培养高水平田径运动员出现的主要问题。另外,大多数运动员觉得,阻碍学习发展的内因是训练或者比赛容易疲劳,没有学习动力。据此可知,高校在培养高水平田径运动员时,学习与训练冲突作为制约运动员成绩与专业课成绩均衡发展的因素之一,高校应该加强对此类问题的重视程度,实行相应的措施切实解决。

四、场地设施与经费不足

一些高校在田径训练设施设备的投入上还是有所欠缺。我国《关于高等学校课余训练试点工作评估方法》中明确提出:高等学校每年在运动员训练及相关经费的资金投入要达到人均4000~5000元的标准。现阶段各高校资金投入与此相比差距明显,因此,我国高校在培养高水平田径运动员时,其在训练场地设施和资金投入的认识上尚待提高,如果高校能够妥善解决,高校田径运动员比赛成绩与竞技水平可以获得长足进步,并且有助于提升运动员参与训练的积极性以及为高校田径培养工作营造良好的社会影响,从而为高校招收良好生源创造条件。

五、训练心理与态度调整欠缺

在训练导入的过程前或中,运动员的训练心理与态度会产生微妙变化,这些变化可以看作运动员心理反应与意愿的总和,某种程度上是运动员在运动训练过程中其个人认知、个人情感以及相应的价值取向的客观反映。各高校培养高水平田径运动员,从侧面反映出我国政府相关部门一贯的方针政策,而在培养高水平田径运动员机制日益完善的环境下,各高校对高水平田径运动员的日常训练与教学管理已逐渐步入正轨,可是就训练心理与态度而言,部分高校忽视了此部分培养工作对田径运动员的影响。为运动员专门配备的运动心理辅导人员数量较少;而能够提供相应的心理咨询服务的教练员也不多;仍然有一些高校没有为运动员提供任何运动心理辅导等。据此可知,在运动心理辅导工作上,大部分高校未给予重视,轻视的后果是运动员在训练积极性和负面情绪上的恶性变化。

六、运动员比赛次数少、比赛级别较低

能够影响高校高水平田径运动员水平的重要因素,比赛次数、比赛级别是其中之一,其主要原因在于,只有通过出席一些重大规模的体育比赛获取实战训练经验,再加上平时的专业训练,才能让田径运动员的运动水平与成绩得到显著提高,这无疑是能够快速提升田径运动员的专业运动成绩与竞技水平的窍门。以前出席过重大体育赛事的运动员,会在竞技水平上有一个渐进的提升。

目前很多高校高水平田径运动员平均每年参加比赛的次数较少，或是比赛级别较低。"只练不赛"的现象普遍存在，这种现象的发生，不只会有损运动员的积极心态，而且易造成运动员无法获得比赛经验。而比赛级别高的赛事，能参与的运动员极少。因此，对于多数高校高水平田径运动队来说，应调整心态，即使比赛级别较低，能够影响到的范围也很有限，也应积极参加，获取比赛经验。

七、高校高水平田径运动队的教练员和运动员之间缺乏必要的沟通

大家都知道，教练员和运动员之间的关系很重要，主要体现在二者的沟通方面。沟通无处不在。无论是在训练中，还是在组织管理上，良好的沟通是很关键的，可以促进双方思想和信息的交换，情感与情绪的表达，矛盾与冲突的消除，从而使教练员和运动员在平时的交往中更加相互信任、支持、尊重和理解，这样可以更好地促进运动队紧密团结，朝着一个共同的目标不断努力，不断前进。但是我国高水平田径运动队在训练与组织管理建设过程中，由于教练员与运动员双方的身份、个性、态度、情感、认识能力、文化水平、训练理念等方面存在差异，教练员和运动员之间常常会存在思想政治教育、专业训练以及日常生活管理等沟通上的障碍。这就导致教练员和运动员在管理、训练和生活等方面还是存在着彼此不了解的情况。

教练员和运动员的主观感受、气质、性格、行为等差异以及运动队的整体氛围、场地设施环境都可能成为阻碍两者正常交流的因素。所以，运动员要把教练员当成良师益友，教练

员也要做好运动员的训练、保障工作,两者要加大沟通的频率,从根本上消除两者之间的隔阂,使训练工作有条不紊地进行,最大程度地保证训练的效果。[①]

第三节　高校高水平田径运动队
竞技能力建设方向与途径

一、高校高水平田径运动队竞技能力建设的原则

(一)符合社会发展的要求

社会主义市场经济要求市场成为高校高水平田径运动队竞技能力建设资源配置的主要方式,高校高水平田径运动队竞技能力的发展规模与发展结构应与其市场价值、市场需求相匹配,发展速度应与群众体育相协调。因此,应依据我国社会发展的总体状况确立高校高水平田径运动队竞技能力建设方向与途径。

(二)符合竞技体育发展自身规律的要求

未来高校高水平田径运动队的发展将逐渐向国际化、产业化方向发展。产业化发展趋势要求高校高水平田径运动队竞技能力的发展在充分发挥竞技体育多元功能的同时,必须遵循竞技体育自身的规律,并在此基础上多方位扩展竞技体育的价值。我国高校高水平田径运动队竞技能力的发展应符合竞技体育人才培养、市场培育以及其多元功能的实现等基本

---

①周文军.我国普通高校高水平运动队发展动力研究[M].长沙:湖南师范大学出版社,2010.

规律的要求。

(三)符合国际交往的需要

竞技体育具有一定的政治功能,代表着国家的综合实力,因此,我国高校高水平田径运动队的发展,要考虑我国的实际国情,必须符合国际一般惯例,发扬体育精神,朝着有利于与世界接轨的方向迈进。

二、我国高校高水平田径运动队竞技能力建设方向

(一)坚持举国体制,加强优势项目的科技攻关

进一步确定举国体制的重要性,牢固树立"田径是体育之母"的思想和宗旨,建立长期、系统、科学的训练体制,强化优势项目的集训机制,不要急功近利。责任分配到相关人员,为教练员、运动员提供最良好的训练条件和一切便利,把有限的资金投向优势项目,在训练设备、科研攻关伤病防治、营养补充、恢复手段等方面加大投入,确保经费的及时提供,加强协调优秀科研人员的配合,注意安排分层次工作,坚持多学科、多部门、多方面的参与。

(二)提高教练员的指导能力是关键

迅速提高教练员的综合素质和训练、比赛理念,是迅速改变田径落后面貌的关键。教练员的眼光不能局限于高校范围内,而要培养世界水平的比赛型运动员。要做到这一点,就必须认真加强高水平教练员的培训工作,强调在集训实践过程中培训的力度,坚持"请进来,走出去"的方针,多与其他高水平教练员交流和取经,多带领队员参加一些大型赛事,锻炼运动员的大赛承受能力,培养心理素质,积累多种情况的比赛经

验。尤其要注意经常带队员到田径强国进行集训。此外,有针对性地引进全国高水平教练员,是实现高校高水平田径运动快速发展的捷径。

三、高校高水平田径运动队竞技能力建设途径

(一)扬长避短,巩固优势,扩大优势

综合考虑各方面的因素,结合本地区、本校的特点和优势,用发展的眼光来制订高水平田径运动训练计划。要继续巩固传统优势项目,进一步挖掘优势体育大项中的非优势小项和基础项目中有潜力的小项。

(二)大力培育田径运动人才

确立人才流动的近期、中期、长期目标,分段制定不同政策,切实做好体育人才流动的宏观控制和微观调节。加强对运动人才交流的科学管理,统一协调体育人才合理流动,进一步扩大竞技体育人才的发展领域,加快建立并完善保障制度。全面提高教练员队伍的科学训练和管理水平,完善教练员选拔、任用、考核制度。抓好各年龄段的后备人才培养,制定后备人才培养方案,重点加强优势项目和潜力项目的后备人才培养,抓好与重大竞赛周期人才年龄和水平相衔接的二、三线队伍建设。

(三)改革人才管理体制,促进人才的培训与合理流动

随着我国市场经济的发展和市场体系的完善,教练员、运动员要进入人才市场。改革现行人才管理体制的目的是要打破体育人才院系所有制,合理开发和利用人才资源,充分发挥人才效益。

以提高成绩为最高目标,贯彻缩短战线、突出重点、集中优势、发挥各方面积极性的方针,在稳定发展优势项目的前提下,逐步放开其他项目。根据各项目的发展方向、任务和特点,以在奥运会上的成绩为基本依据,兼顾考虑项目的影响、普及程度、社会基础、训练水平、竞赛效益等多重因素,对运动项目实行分类管理。

针对田径运动特点,在高水平训练工作中要注重新的训练思想、训练方法在不同项目间的流动与运用,鼓励教练员之间的业务交流与沟通,要为教练员提供进修、培训的机会,不断更新其知识结构,使训练思维更加广阔。对优秀运动员要提高其知识文化水平,注重培养与提高智力水平及心理素质的稳定性。逐步建立完善人才制度,吸引管理学、社会学、经济学、生命科学等学科的优秀人才进入高水平田径训练工作中来,利用他们丰富的专业知识为田径训练工作提供更全面、更合理的智力支持。

(四)充分发挥科技兴体的作用

加大科技对田径运动训练的指导和支持力度。调动全校乃至全社会各方面力量参与体育科技工作,逐步形成跨学科、跨系统、跨行业的体育科技体系。充分发挥各科研机构和体育院校的作用,构建信息量大、准确性高、传递速度快的现代化竞技体育信息网络,加强科技成果向竞技体育实践领域的转化。

(五)改变目前单一的训练体制,向多元体制转化

以三级训练网为标志的"一条龙"训练体制,多年来为国家培养了大批优秀田径运动人才。这种由国家统一管理的单一体制已不适应新形势下高校对田径运动发展的需要，今后在继续巩固、发展"一条龙"体制的基础上，要大力拓宽训练渠道，使各项目队伍向横向扩展、纵向延伸。特别是以高校为依托的高水平田径训练将是今后发展的一条重要道路。其中分为两个部分：一是建立在普通高校的训练模式，它可以利用普通高校的多学科优势为训练服务；二是建立在体育院校的训练模式，它可以利用体育院校专业人才集中的优势为训练服务。

"清华模式"是近几年在我国高水平田径训练中出现的新的训练形式，它以高等院校为依托，总结我国多年来高等院校办高水平田径运动队的经验与教训，在个别田径项目上的训练管理工作为我们提供了新的视角与理念。

（六）正确处理训练与比赛的关系

运动训练竞赛是一门综合性的且复杂的科学。训练是过程，比赛是目的。为了将训练和比赛充分地统一起来，从训练开始到比赛的结束，应当把这两个过程紧密地结合好，将田径训练和比赛融为一体，才能提升团队的竞技能力。

由于市场机制的作用，运动员自身的利益与比赛紧密相连，多参赛也成为一种必然的发展趋势，一年参加20场比赛对于许多优秀运动员来说已经是非常普通的事情。这样，在训练领域内也就引发了一场变革，多参赛使过去传统的训练周期理论以及具体的方法、安排和要求都受到强烈冲击，训练和比赛更紧密地融为一体，教练员则更应该科学合理地安排训练，处理好训练与竞赛的关系，主动适应比赛。但必须清楚地认识到，比赛不可替代训练，有些比赛可以视为训练的一部分,通过比赛可以检验训练效果,重要的是通过比赛,运动员可积累丰富的大赛经验、培养良好的心理素质,只有这样,才能在重大比赛中发挥出应有的水平。高校大多数田径教练员把参赛目标定在每年几次的校际赛事上,训练安排也是围绕着校际赛事来进行,这种做法严重阻碍了运动员运动水平的提高,起不到更好的锻炼作用。因此,综观世界田径运动发展趋势及竞赛特点发现,以赛带练、以赛促练已成为训练与竞赛二者关系发展的新方向,如今这个观点得到了广泛的认可,值得推广。

目前,我国国内的田径竞赛体制逐步在与国际接轨,这促进了训练与比赛更加紧密结合,保持了良好的竞技状态,使比赛成为训练的延续,训练是比赛的开始。创造优异成绩的实践表明,田径运动员的赛练结合性训练已得到田径界的普遍重视,研究其训练的重要价值已提到重要位置。这也进一步促进了训练质量的提高。

训练是为了比赛,而比赛就是为了创造优异成绩,并通过比赛检验训练中存在的问题,以赛促练、以赛带练、赛练结合,提升团队整体的竞技能力。宽练结合性训练充分体现了高校田径训练与比赛的有机结合。①

---

① 丁玲. 江苏省普通高校田径高水平运动员选拔机制的研究及对策[J].
当代体育科技,2012,2(18):64-65.

第五章 高校高水平田径运动队建设评估指标体系

第一节 高校高水平田径运动队建设评估工作历史回顾

作为普通高等学校高水平田径运动队建设评估的一种特殊形式——高校高水平田径运动队建设评估工作是伴随着普通高等学校高水平田径运动队多年的建设发展而逐渐成熟完善起来的。从1987年开始，国家教委会同其他相关职能部门开展了3次全国范围、大规模的有关普通高等学校高水平田径运动队建设状况的评估工作，不断促进普通高等学校高水平田径运动队建设工作科学、健康的发展。

一、高校高水平田径运动队建设评估工作历史沿革

1985年12月27日至1986年1月1日，国家教委和国家体委在山东掖县（今莱州）召开了全国学校学生业余体育训练工作座谈会，会议根据《中共中央教育体制改革的决定》和《关于进一步发展体育运动的通知》精神，总结交流了学校开展业余体育训练的经验，讨论和确定了《关于开展学校业余体育训练，努力提高运动技术水平的规划》（1986—2000年）的框架（以下简称规划）。1986年11月11日，国家教委、国家体委印发了这项规划，其中确定了课余体育训练的指导思想、主要任

务和目标,以及10项政策和措施。1987年4月,国家教委又发布了《关于普通高校试行招收高水平运动员工作的通知》,首次确立了全国51所招收高水平田径学生运动员的试点院校,并对招生对象、招生方法、教学管理等做了初步规定。从此,我国拉开了高校培养高水平体育运动员的帷幕。

同年,《国家教育委员会办公厅关于试点高校培养高水平运动员的管理办法(试行)》中就明确提出,要组织人员定期对试点学校进行评估,每四年评选一次试点工作先进的学校,给予表彰和奖励。对工作差的学校,进行批评或调整。该文件的颁布为高等学校高水平田径运动队建设评估工作的开展提供了政策方面的依据。随后,《国家教委办公厅关于对全国培养体育后备人才试点中学和培养高水平学生运动员试点大学进行检查评估的通知》(1998年3月20日)文件中第一次提出对培养高水平学生田径运动员试点大学进行全面检查评估。并且详细说明了"检查评估的目的""检查评估的范围""检查评估的实施和时间安排"以及上报材料的格式与要求等。该文件的颁布为高等学校高水平田径运动队建设评估工作的开展奠定了理论基础。

进入21世纪,为保证普通高等学校高水平田径运动队建设的工作科学、健康发展,根据《中共中央国务院关于加强青少年体育增强青少年体质的意见》中提出的"进一步办好体育传统项目学校和高等学校高水平运动队,充分发挥其对群众性体育的示范带动作用",和《教育部国家体育总局关于进一步加强普通高等学校高水平运动队建设的意见》中提出的"对普通高等学校高水平运动队建设定期进行检查与评估"的精神相契合。教育部分别于2005年和2010年对普通高等学校高水平田径运动队建设情况开展了两次全面评估工作。通过两次评审逐步建立和健全普通高等学校高水平田径运动队退出和准入以及参赛的有效管理机制;促使普通高等学校高水平田径运动队区域布局更加合理,学校项目更加合理;推动各地和各高校进一步加强普通高等学校高水平田径运动队的管理,加大田径运动项目建设力度,建立健全检查与评估的机制;切实提高我国普通高等学校高水平田径运动队建设工作科学、健康的发展。

二、1998年高水平学生田径运动员试点大学检查评估工作分析

为了贯彻《学校体育工作条例》,进一步落实国家教委、国家体委《关于开展课余训练,提高学校体育运动技术水平的规划的通知》,1998年上半年对全国培养高水平学生田径运动员试点大学进行一次全面的检查评估。

(一)评估目的

在对全国培养高水平学生田径运动员试点大学工作进行全面评估总结的基础上,进一步明确指导思想和方向,提高这项工作的质量,促进学校体育事业的全面发展。

根据学校体育事业发展的需要和检查评估情况,进一步调整和完善培养高水平学生田径运动员试点大学的布局。对工作成绩优秀的学校给予表彰、奖励;对工作成绩差的培养高水平学生田径运动员试点大学,限期整顿或停办。在检查评估的基础上,逐步建立学生运动员登记注册管理制度。

(二)评估程序与要求

学校自我评估阶段,时间安排为1998年4月1日至20日。各校由校级领导及有关部门组成评估小组,主管校(院)长担任组长。组织学习国家教委自1986年以来印发的《关于部分普通高等学校试行招收高水平运动员工作的通知》《关于试点高校培养高水平运动员的管理办法(试行)的通知》《高等学校课余训练试点工作评估办法的通知》《关于部分普通高等院校试办高水平运动队的通知》等文件。地方教育行政部门对本地区进行检查和评估,时间安排为1998年5月1日至20日。各地由教委、教育(高教)厅体卫处领导负责,组织本地区的部分试点大学的负责人及有关专家组成的检查评估小组,学习有关文件,明确检查评估内容及要求,研究并制订对本地区学校进行检查和评估工作的计划,组织对本地区学校实施检查评估,并认真填写《检查评估报告书》,提出对本地区试点大学的调整意见并于1998年5月30日前报送国家教委体育卫生与艺术教育司。国家教委抽查评估阶段,时间安排为1998年6月1日至7月15日。

三、2005年高等学校高水平运动队建设评估工作分析

(一)评估背景

普通高等学校高水平运动队经过20年的发展,取得的成绩有目共睹。但存在的问题也不容忽视。

1.生源严重缺乏

到底是高校向国家输送人才,还是国家向高校输送运动员,这一直是个有争议的问题。高校招收的运动员绝大多数来自专业队或者体校,而参加世界大学生运动会的学生其实

大部分都是国家队或者专业队的专业运动员，出现这类问题的根源就在于生源的缺乏。

2.教练员队伍素质不高

一方面是教练员的业务能力还不能很好地适应现代运动训练的要求，另一方面是我国普通高等学校高水平田径运动队教练员队伍还没有形成有效的培训制度。

3.经费不足

体育需要强大的经济基础作为后盾，根据国家教委颁布的《关于高等学校课余训练试点工作评估方法》中的有关规定，运动员年度训练经费的标准应为人均4000～5000元。但大多数办高水平田径运动队的高校未达标。

4."学训"矛盾突出

高校高水平田径运动员与普通大学生具有相同的责任、权利和义务。他们除了与其他学生在同样的条件下完成学业外，还要利用业余时间接受专项的运动训练，并有责任和义务代表学校参加重大比赛，在各种比赛中为学校赢得荣耀。但是，在相当长的一个时期内，各试点高校片面强调运动训练的重要性，却忽视了文化知识的学习和掌握，运动训练时间不断增长，运动负荷逐渐加大，使高水平田径运动员把大部分的精力和时间都投入到单一的训练中，最终耽误了文化知识的学习和大学学业的完成。

以上诸多问题的出现，迫切需要建立一个管理机制来规范和管理普通高等学校高水平田径运动队建设，在此背景下，2005年教育部根据《教育部国家体育总局关于进一步加强普通高等学校高水平运动队建设的意见》的精神，为加强对普通高等学校高水平运动队建设宏观规划与指导,尽快提高学校运动训练水平,经研究决定2005年组织开展高校高水平田径运动队建设评估工作。

(二)评估方案与要求

评估方案力求通过评估全面了解普通高等学校高水平田径运动队建设状况,促进普通高等学校高水平田径运动队建设的改革与发展,并为进一步办好普通高等学校高水平田径运动队实行动态管理提供客观依据。

评估方案注重发挥评估的导向与激励功能,体现普通高等学校高质量的人才管理、较丰富的体育设施资源和高科技水平的特点,发挥普通高等学校办高水平田径运动队的优势,加强文化素质教育和科技攻关服务,为不断提高我国竞技体育水平做出贡献。

普通高等学校高水平田径运动队建设的评估,力求简明、易行,定性与定量相结合,采取自评与专家评估相结合的办法。经过高等学校自评、省级教育行政部门组织初评、综合评估3个程序的评估。

(三)评估指标体系

评估指标体系是根据《教育部国家体育总局关于进一步加强普通高等学校高水平运动队建设的意见》的精神,从组织与领导、运动队管理、教练员队伍建设、条件保障、教学与训练效果五个方面对普通高等学校高水平田径运动队建设状况进行评估。评估体系的内容突出了竞技体育为可持续发展做贡献以及提高教学与训练效果的指导思想。

(四)评审结果与效果

评审按照科学发展观的要求,本着实事求是的精神,统筹规划、有序发展、严格条件、规范评审、确保实效,最终确立了清华大学、北京大学、中国人民大学等全国235所高校具有招收高水平田径运动员的资格。

四、2010年高等学校高水平运动队评审工作分析

(一)评估的目的

2005年首轮高校高水平田径运动队建设评估工作结束以来,经过4年多的努力普通高等学校高水平田径运动队建设取得了明显成效,高等学校田径运动技术水平大幅度提高,为国家培养了一批优秀体育人才,同时也推动了普通高等学校体育工作的全面开展,带动了基础教育阶段学校课余体育训练与竞赛的广泛开展。为落实《中共中央国务院关于加强青少年体育增强青少年体质的意见》中提出的进一步办好体育传统项目学校和高等学校高水平田径运动队,充分发挥其对群众性体育的示范带动作用,和《教育部国家体育总局关于进一步加强普通高等学校高水平运动队建设的意见》中提出的对普通高等学校高水平田径运动队建设定期进行检查与评估的精神,促进普通高等学校高水平田径运动队建设工作科学、健康的发展,教育部组织开展新一轮普通高等学校申请建设高水平运动队的评审确定工作。

(二)评估程序与要求

1.高校自评

已批准学校、新申请学校等不同类别高校,应按照《"已批

准学校"高水平运动队建设项目评审指标体系》《"新申请学校"高水平运动队建设项目评审指标体系》的要求进行自评。在此基础上将自评报告和《"已批准学校"高水平运动队建设项目评估表》或《"新申请学校"高水平运动队建设项目申报表》及相应支撑材料,包括管理文件、表格、数据、证明(涉及训练场馆设施的需附照片)等(附电子版),报所在地省级教育行政部门。学校按要求对所属运动项目进行评估,并分别填写相应表格。支撑材料要在学校体育管理网页上公示,并确保网络畅通。

2.省级教育行政部门组织初评

各省级教育行政部门要根据本通知及《评审指标体系》要求,组织专家组对"已批准学校"和"新申请学校"上报的各项目自评报告及相应的支撑材料进行初评。专家组原则上由5人以上组成,由学校体育教育、训练、管理方面经验丰富的专家、教授组成。

专家组依据本通知要求,按照公平、公正的原则,对每个评审项目进行全面、客观、细致的评价并进行量化赋分,投票决定初评合格学校,然后按同一运动项目得分从高到低进行排序。

3.综合评审

(1)专家网评

在省级教育行政部门初评的基础上,教育部组织各运动项目专家组依据《评审指标体系》对各校自评报告、支撑材料通过网络进行评审,对所有参加本次评审的高等学校进行排序。

（2）会议评审

教育部根据省级教育行政部门评审意见、网评意见和全国普通高等学校高水平田径运动队建设的总体规划,组织专家进行综合评审。经综合评审符合条件的普通高等学校,按教育部关于普通高等学校招收高水平田径运动员的规定招生。

（三）评估指标体系

本次评估工作按照"新申请学校""已批准学校"两类院校分别制定了高水平运动队建设项目评审三级指标体系。

（四）评审结果与效果

1.申报情况

此次评审工作共有447所普通高校进行了申报,包括2005年已批准的234所(原有235所,湖北警官学院此次没有申报),新申请的213所。经资格审查,新申报校中有6所院校为专科类院校(天津城市建设管理职业技术学院、长春职业技术学院、上海体育学院、南昌师范高等专科学校、江西现代职业技术学院、四川烹饪高等专科学校)不符合本次评审资格要求,资格审核合格的新申请院校为207所,已批准和新申请合格的院校共计441所。

2.经过专家委员会综合评审

从2005年已批准的235所高校中,取消了27所高校建设高水平运动队的资格;从新申请的212所高校中,增加了60所为建设高水平运动队的高校;最后确定268所高校和687个项目为建设高水平运动队的普通高校和运动项目。该结果比2005年确定的235所高校增加了33所。

五、两轮高校高水平田径运动队建设评估工作的对比分析

通过文献调查和现有资料分析发现,1998年高水平学生运动员试点大学检查评估工作,缺乏必要的系统性和延续性,故不与后两次"评估工作"进行对比分析。

(一)2005年和2010年普通高等学校高水平运动队建设评估目的对比分析研究

2005年教育部下发的《关于2005年组织开展高校高水平运动队建设评估工作的通知》的文件精神,旨在加强对普通高等学校高水平田径运动队建设宏观规划与指导,尽快提高学校田径运动训练水平。2010年教育部下发的《关于开展新一轮普通高等学校申请建设高水平运动队评审确定工作的通知》的文件精神,旨在落实《中共中央国务院关于加强青少年体育增强青少年体质的意见》中提出的进一步办好体育传统项目学校和高等学校高水平田径运动队,充分发挥其对群众性体育的示范带动作用,突出强调了普通高等学校高水平田径运动队的示范与引领作用。

两轮评估工作对比后的显著区别在于:首先,两轮评估工作的指导文件名称发生改变。2005年是"评估工作",2010年是"评审工作"。其次,教育部关于体育特长生招收政策的变化也需对普通高等学校高水平田径运动队项目进行调整。最后,开展好全国亿万学生阳光体育运动和大、中学生运动会改革也亟需对高校办高水平田径运动队进行评估。

(二)2005年和2010年普通高等学校高水平运动队建设评估方案的分析研究

2010年增加了"新申请学校"高水平运动队建设评估工

作,初步建立了准入机制。2010年增加了"专家网评"环节,共有230多位专家进行了网络评审。

(三)评估细则方面

2010年一级评估指标增加了"学校群体工作状况"项目。

2010年一级评估指标"教学与训练效果"项目增加了15分。

2010年二级评估指标"招生管理"项目细则中增加了"网上公布招生办法、招收项目、招收人数等"要求。

2010年二级评估指标"学籍管理"项目细则中增加了"在校、在读、在训"运动员比例达到90%要求。

2010年二级评估指标"训练竞赛管理"项目细则中增加了"训练时数达到10小时/周以上"要求。

2010年二级评估指标"经费投入"项目细则中增加了"人均经费额数达1.5万/(人/年)"要求。

整体上删减了烦琐的计算公式,指标更加具体化,凸显普通高等学校高水平运动队对群众性体育的示范作用。

(四)评审结果与效果

2005年评估主要以各省教育厅上报的结果为依据,充分考虑并尊重各省的评估结果。评估以学校为单位进行。经过评估最终有235所高等院校获得了试办高水平运动队的资格。

2010年有447所高校参与评估。教育部预期是扩大试办高水平田径运动队高校的数量,达到330所左右。最后,为了保障队伍建设规模、扩大高水平运动队的影响范围、保护各个试办高校利益,决定采用"拉钢筋"式的评估原则,以参评运动项目为单位评估,最终审定268所高校获得试办高水平田径运动队的资格。

随着时间的推移,相关部门对高校高水平田径运动队的指标体系和详细规则进行了相应的调整,总体趋势是更加完善的、科学的和合理的。例如,排除了以往烦琐的计算公式,评价的指标更显人性化,以便于合理规划和执行;细节之处更加突出;在教练员素质培训与提高这一指标中,教练员的学术成果成为极其重要的一个环节。[①]

2010年后虽没有再进行大范围的高水平运动队的评估工作,但教育部每年仍会对高校高水平运动队的建设作出指导。

第二节 高校高水平田径运动队 建设评估指标体系筛选

根据前两轮评估实践的经验,高校初步拟定了普通高校高水平田径运动队建设评估指标体系模型如下:第一,零级指标。A普通高等学校高水平田径运动队评估指标体系的构建。第二,一级指标。包括B1组织领导、B2运动队管理、B3教练员队伍建设、B4条件保障、B5办队绩效、B6校园体育文化建设。第三,二级指标。包括C1校领导重视、C2组织机构、C3发展规划、C4招生管理、C5学籍管理、C6训练竞赛管理、C7特殊管理、C8编制与结构、C9建设与管理、C10教练员素质、C11培训与提高、C12训练场馆设施、C13训练辅助设施、C14经费投入、C15教学效果、C16训练效果、C17社会声誉、C18在办田径项目校

---

①史衍. 普通高校高水平运动队建设评估的偏差与优化[M]. 北京:北京体育大学出版社,2015.

级竞赛情况、C19在办田径项目网站建设情况、C20在办田径项目普通学生参与情况。

一、对指标体系的解读

高校高水平田径运动队评估指标体系的重点是对能够影响运动队建设质量的6个方面因素提出质量标准,包括"组织领导""运动队管理""教练员队伍建设""训练条件保障""教学与训练效果"以及"校园文化建设"。在此基础上进一步分解为19项子因子。其中二级指标中的核心强调的是训练场馆设施、训练经费投入、训练辅助设备、教练员编制与结构、教练员队伍建设、训练竞赛管理和训练效果共7项。核心指标不仅作为普通高等学校高水平田径运动队评估的硬性指标,对其评估结论标准也起着关键性作用。

普通高等学校高水平运动队评估指标体系中一级指标、二级指标及主要观测点之间相互联系、相互渗透,是不可分割的有机整体。根据高校高水平田径运动队建设评估的要求,一级指标是按照高校高水平运动队建设流程划分,突出了运动队组织领导、运动队训练条件及训练效果的外部因素,从观测校园的文化建设以及教学效果反馈出该校的组织机构是否合理及其领导重视程度。其中运动队管理及条件保障两项一级指标为高水平田径运动队所特有。二级指标是一级指标的分解,涵盖了高校高水平田径运动队建设所需要的条件,特别是运动队训练条件、管理及教练员队伍建设。在训练条件方面突出了场地设施和经费保障的特殊要求。

校领导重视:有校级领导专门负责;能定期召开会议,专题研究高水平运动队建设的有关问题,并有完整的记录等。

组织机构:要设有学校相关部门参加的专门机构,配备完备的机构人员,有明确的分工及责任权限和相应的规章制度等。

发展规划:符合学校实际情况的高水平田径运动队发展规划的专门文件,并有校领导批发的具体实施办法等。

招生管理:严格遵守有关招生的政策,有相关的规章制度、处罚条例等管理文件,群众举报登记及相应处理备案材料齐全等。

学籍管理:有专门为高水平田径运动员设立的学籍管理档案(包括个体化的培养方案、参加训练和比赛的有关规定、违纪行政处分规定、办理离校请假规定、住宿管理规定等),历年招收高水平田径运动员名册以及报中国大学生体育协会注册等配套材料。

训练竞赛管理:有严谨、科学、规范的训练计划(包括多年、年度、阶段、周及课时计划),训练比赛总结。评文件齐全率,并进行质量判定。运动员训练出勤率。随机抽查学生训练日记,并与所任教练员课时计划核对,进行质量判定等。

特殊管理:高水平运动队配备有领队或辅导员;有完备的日常管理制度文件,包括训练比赛制度、补课制度、考试制度、晚自习制度、考勤制度等;有完整的伤病、事故奖励等记录。

编制与结构:有所申报项目专门的教练员队伍编制,人员配备齐全;教练员队伍知识结构、年龄结构、职称结构合理等。

建设与管理:有引进优秀教练员和特殊人才的相关优惠政策;有合理的教练员,工作量计算办法;教练员竞聘上岗、职称晋升和精神、物质奖励的相关文件等。

教练员素质:教练员政治可靠、作风正派、工作认真、责任心强、业绩突出、爱护运动员,评估时向学生发放问卷调查表,计问卷调查评估分。重视科研,不断提高科学训练水平并有一定的研究成果,评人均学术成果(学术论文、学术报告文章、著作、编著、材料等)数量等。

培训与提高:有提高教练员政治、业务素质的规划;对教练员有具体落实的培训方案和经费支持,对培训情况要有考核等文字记录材料等。

训练场地设施:应有申请的田径项目所需要的训练场地设施,保证高水平运动员训练的需要,提高良好的训练环境等。

训练辅助设施与设备:有保障运动员身体健康、运动恢复、医务监督的必要条件,如运动医疗保健室、运动康复器材、供运动队科学研究与使用的仪器设备等。

经费投入:有稳定的年度经费预算,保障运动员训练和比赛的需要等。

教学效果:高水平运动员遵守校纪校规,学习认真,作风良好,在学校中享有较好声誉,获得优秀学生奖、体育道德风尚奖、奖学金等多种奖项;高水平运动员毕业率、学士学位获得率、有一定的研究生入学率等。

训练效果:高水平运动员训练刻苦,无重大运动伤病,在全国大学生运动会取得成绩和其他全国性比赛取得名次等。

社会声誉:在全国具有高水平田径运动队的高校中,学校、运动队以及运动员具有社会影响力和知名度等。

在办田径项目校级竞赛情况:学校在每年度举行田径比赛的次数,参与的人数以及高水平运动员和普通学生取得成绩等。

在办田径项目网站建设情况:学校要建立关于高水平田径运动队的网站,方便社会其他人士查阅高水平运动队的建设和发展情况等。

在办田径项目普通学生参与情况:学校早操和课外体育活动的开展情况,学生体育俱乐部和学生体育协会覆盖面广,学生参与率等。

二、建立高校高水平田径运动队的评估指标体系的必要性和可行性分析

针对建立高校高水平田径运动队的评估指标体系必要性和可行性,《我国普通高校高水平运动队建设过程中评估指标体系与方法研究》一文对一些专家进行了相关调查,多数专家对建立高校高水平田径运动队的评估指标体系是比较认同的,详细情况如下:在必要性上,53%的专家认为很有必要,40%的专家认为有必要,7%的专家认为比较有必要;在可行性上,40%的专家认为很可行,47%的专家认为可行,13%的专家认为比较可行,见表5-1和表5-2。

表5-1 建立高校高水平田径运动队的评估指标体系必要性调查

调查指标	很有必要	有必要	比较有必要	没必要	很没必要	合计
人数	8	6	1	0	0	15
百分比(%)	53%	40%	7%	0%	0%	100%

表5-2 建立高校高水平田径运动队的评估指标体系可行性调查

调查指标	很可行	可行	比较可行	不可行	很不可行	合计
人数	6	7	2	0	0	15
百分比(%)	40%	47%	13%	0%	0%	100%

三、高校高水平田径运动队的评估指标体系指标筛选

根据首都体育学院 2013 年的一项调查结果,除 C20 之外,其他指标中选率大于或等于 80%,根据社会学调查问卷要求,将中选率高于 70% 的视为合格指标,将中选率低于 70% 的视为不合格,所以,将中选率仅有 60% 的指标 C20(在办田径项目普通学生参与情况)剔除掉。根据该的调查结果,可以确定高校高水平田径运动队建设评估指标体系 6 个一级指标(表5-3)和 19 个二级指标(表5-4 到表5-9)。[①]

表5-3 一级指标B1～B6筛选、排序结果

指标代码	中选数	中选率(%)	相对分值	排序
B1	14	93%	0.221	2
B2	15	100%	0.154	4
B3	15	100%	0.121	5
B4	15	100%	0.158	3
B5	15	100%	0.289	1
B6	13	100%	0.057	6

表5-4 二级指标C1～C3筛选、排序结果

指标代码	中选数	中选率(%)	相对分值	排序
C1	15	100%	0.506	1
C2	14	93%	0.310	2
C3	15	100%	0.184	3

①李学军,王彩平.山西省高校高水平田径运动队训练调查与分析[J].运动,2017(24):29-30.

表5-5　二级指标C4～C7筛选、排序结果

指标代码	中选数	中选率(%)	相对分值	排序
C4	15	100%	0.341	1
C5	13	87%	0.225	3
C6	14	93%	0.137	4
C7	15	100%	0.297	2

表5-6　二级指标C8～C11筛选、排序结果

指标代码	中选数	中选率(%)	相对分值	排序
C8	13	87%	0.225	3
C9	14	93%	0.275	2
C10	15	100%	0.283	1
C11	15	100%	0.217	4

表5-7　二级指标C12～C14筛选、排序结果

指标代码	中选数	中选率(%)	相对分值	排序
C12	15	100%	0.353	2
C13	14	93%	0.200	3
C14	15	100%	0.447	1

表5-8　二级指标C15～C17筛选、排序结果

指标代码	中选数	中选率(%)	相对分值	排序
C15	15	100%	0.432	1
C16	15	100%	0.395	2
C17	12	80%	0.173	3

表5-9　二级指标C18～C20筛选、排序结果

指标代码	中选数	中选率(%)	相对分值	排序
C18	12	80%	0.455	1
C19	14	93%	0.409	2
C20	9	60%	0.136	3

第三节 高校高水平田径运动队
建设评估指标体系的构建

评估指标体系是评价目标的具体化、行为化和可操作化，是进行评估工作的基本依据，是评估方案的核心内容。它的科学化程度直接决定着评价方案的水平，决定着评价结果的可靠性和有效性。高校高水平田径运动队评估实际上是对其办队水平的一次综合性的评价，它不仅包括结果评价，而且包括过程评价，应该是一个包含办队条件、办队方向、管理、绩效的全方位的评价体系。

对我国普通高校高水平田径运动队的评估体系，应本着以面向世界、面向未来、可持续发展为目标，以训练科学化、系统化、经常化为依据，以培养和发掘体育人才，提高运动竞技水平为重点，全面评价我国高校高水平田径运动队的各项工作，为我国普通高校独立组队，参加世界大学生运动会取得优异成绩打下良好的基础。

一、构建高校高水平田径运动队建设评估体系的基本原则

（一）客观性原则

构建现阶段高校高水平田径运动队建设评估体系，是在相应评价理论的指导下，以我国学校的现实状况为出发点，全面客观系统地分析评价中存在的诸多因素，使评价体系的各组成要素具有客观性，真正体现有效促进高校竞技体育效果的特点，特别是在进行高校高水平田径运动队建设评估过程中，要客观、公正、合理，对教师的教和学生的学做出客观的、实事

求是的判定。

(二)可行性原则

评价体系中的指标要符合体育学科的特点和学生的身心发育特点,所制定的标准应该具有可行性。在制定评价目标和指标体系前,应对我国高校竞技体育现状进行系统调查和分析,对高校高水平田径运动队建设评估现状进行深入了解,从中找出存在的问题与不足,又要肯定存在于高校高水平田径运动队建设评估中的优势所在,在此基础上构建评价体系。所选择制定的评价指标能够反映高校竞技体育的效果,并能够与高校竞技体育呈正相关。

(三)科学性原则

整体评价指标体系必须完备,使评价体系能全面反映评价目标的要求。选择指标时应尊重教育规律,使指标体系内的指标相互独立,同一层次各项指标不存在包含和被包含的重叠关系,也不存在因果关系。

(四)可比性原则

高校高水平田径运动队建设评估体系中的各项指标必须反映评价对象的共同属性,应具有可测性,即指标作为具体目标,要用具体可操作的语言进行定义,通过评价方法的使用,能够观测和了解得出明确结果,评价指标设置应尽量简明,便于操作,应该具备可比性。

(五)全面性原则

高校高水平田径运动队建设评估要对评价对象的各个方面做出全面的考察和描述,应能够对被评价者进行综合评价和全面考察。对评价指标中各个指标的信息都要收集,最后进行全面的分析,做出恰当的判定。

(六)导向性原则

高校高水平田径运动队建设评估体系要能够指导高校竞技体育工作发展方向,并能够促进高校竞技体育活动开展,要充分发挥教学评价的导向功能,及时反馈信息,以便使教学得到及时改正和提高。教育评价的目的是提高教育质量,促进学生的全面发展。要通过评价,揭示高校竞技体育活动中存在的合理性和不合理性,从而加以肯定和否定,为教师改进教学工作提供改进意见,为学生的体育学习提供有益的帮助。[1]

二、对构建的高校高水平田径运动队建设评估体系诸因素进行分析

高校高水平田径运动队建设评估体系因素分析是以高校高水平田径运动队建设评估体系为研究对象,采用系统分析的理论、方法、技术和手段,对构建的高校高水平田径运动队建设评估体系的构成要素进行的系统分析。高校高水平田径运动队建设评估体系是一个多因素、多层次的复杂系统,必须采用系统科学中最奏效的系统分析的理论和方法进行全面的、整体的、全方位的分析和研究,才能科学与深刻地认识它的运作规律。

按照系统论的观点,系统是由多种要素相互联系、相互作用而形成的有机整体。高水平田径运动队建设评估的多维性、多层次性决定了其结构的多面性和立体特征,它的每个维

---

①张春合. 高校高水平运动队组办效益多元评价[M]. 北京:高等教育出版社,2016.

度又包括许多要素,而各个要素通常又是一个具有一定结构的系统,这些子系统彼此互相联系、互相制约,进行着非线性的相互作用,并通过与外界交流信息形成和维持着时空有序结构。高校高水平田径运动队建设评估不是单因素、单方面的,而是一个由评估目的、评价对象、评价主体、评价指标体系、评价方法、评价过程、评价管理等要素相互联系、相互作用而形成的复杂系统。对于评价体系的诸多因素进行分析有助于我们进一步明确各个因素存在的意义。

(一)对评估目的的分析

评估目的是系统分析的主要依据,也是评估活动的出发点。评估目的是人们认识的反映和价值观念的体现,评估目的会随着社会的发展,随着人们认识的进步和价值观念的变化而发生变化。评估目的选择和分析是高校高水平田径运动队建设评估系统分析至关重要的一步。高校高水平田径运动队建设评估体系是一个多对象、多因素的复杂系统,对于不同的被评估对象有不同的评估目的。评价目的是要说明为什么进行评价,因而必须有明确、具体、准确的表述。评价目的决定了评估的内容、评估指标、采取的评估方法、使用的评估工具以及处理和反馈评估信息的方法。高校高水平田径运动队建设评估的目的主要体现在以下四个方面:一是自从国家试行高校申办"高水平运动队"以来,较多高校有申请举办高水平田径运动队或进行运动项目调整的需求。二是部分高校办高水平田径运动队成效较差;也有少部分高校在招收高水平田径运动员中存在违规违纪行为,需要经过评估后,取消其资格。三是"体教结合"发生了新的变化,需要对高校办高水平田径运动队进行布局调整。四是开展好体育改革也亟需对高校办高水平田径运动队进行评估。

(二)对评估主体的分析

参与评估的人员或机构称为评估主体。一般由教育部门工作人员、相关领域专家、专业评估人员和学校教学、训练、管理人员构成。确认评估主体实际上是解决参与评估人员的地位问题。对于参与评估人员在素质上也应有所要求,他们应该熟悉评估内容,具有一定的评估知识和测量技巧,有较强的责任心、组织能力和正直的人格,以求相互协调构成功能较强的评估系统。作为现代高等教育评估,不仅强调自身以外的评估者,而且强调评估对象的自我评估。也就是说,评估主体与评估对象有时可以是同一个人或同一个机构。即使是两者并不统一时,评估者也要注意倾听评估对象的意见及其自我评估的结果,以此作为进一步评估的基础。

(三)对评估内容的分析

如何确立高校高水平田径运动队建设评估的内容,既是当前高等教育评估理论探讨与研究的重点问题,也是高校学校体育评估实践工作中迫切需要解决的问题。评估内容是将评估对象所包含的评估要素具体化。首先将其内容划分为组织领导、思想品德教育、教学与学籍管理、运动训练、教练员、经费与生活管理6个维度,然后,每一维度又根据高校高水平田径运动队建设评估的要求划分出不同的层面。评估内容一般具有多类型、多层次的复杂结构。经过对评估内容横向和纵向的双向分解,得出与评估内容整体性等效的多层次、多系列的内容分解体系。然后根据评估指标的选择原则进行内容特异性、代表性的分析,形成评估指标体系。对于不同的评估对象,由于评估的内容与要求各有不同,且各个阶段在评估内容上还要具有延续性,由易至难地层层递进,以实现评估的整体性与系统性,最终形成一个具有逻辑层次的评估指标体系。

在整个评估体系中的指标体系是一个最为复杂的子系统,主要由指标项目、权重集合两个要素构成,是确立高校高水平田径运动队建设评估系统中最复杂、内容最丰富的子系统和中心环节,是实现高校高水平田径运动队建设评估功能的主要层面。评估指标要素集合是要解决高校高水平田径运动队建设评估评什么的问题。各要素互相联系构成统一的有序的整体,是一个开放系统,指标应体现方向性、科学性、可测性和发展性原则,尽可能以量的规定性指标代替描述性指标。评估指标的要素是进行高校高水平田径运动队建设评估的依据,可以减少主观因素,力求反映高校高水平田径运动队建设过程的本质和特点,在充分考虑高校竞技体育规律特点的基础上,使评估指标不断细化,以至分解到具体的教学、训练、管理行为,使之可测量、可比较,简化繁杂的形式,从而直接量化打分。

(四)对评估方法的分析

评估方法主要解决如何评价的问题,是指搜集和处理信息给出结论的方法,它囊括了一切可以被利用的现代科学方法,是达到评估目的的主要手段。由于评估方法具有层次性,可以从不同的角度分类,可以根据评估的具体需要进行选择。评估方法的层次分类包括:进行一般价值判断的方法,如相对评价法、绝对评价法、个体内差异评价法;收集信息的方法,如观察法、测验法、问卷法、访谈法等；整合处理评估结果的方法，如定量评价方法与定性评价方法；为了全面评估高校田径运动的状况与结果，高校高水平田径运动队建设评估的方法可以采用形成性评价、诊断性评价和终结性评价等评价方法，并采用相应的测量工具，如自我报告清单、标准参照性测验、诊断性测验、成就测验等。随着高校高水平田径运动队建设评估工作的深入开展，定性评价方法与定量性结合的方法具有综合性。可以从更多的角度来认识评价对象，并把评估对象当作一个整体，是多种方法和多种思维的综合。

(五)对评估过程的分析

评估过程是一个系统的活动过程，是实施评估的完整程序。它包括评估的准备阶段、评估的实施阶段和评估的总结阶段。评估的准备是评估的开始阶段，它包括思想准备、组织准备、方案准备和物质准备。思想准备是对所有参评人员及单位进行思想动员与发动工作，以减少评估中各种主观因素的影响。组织准备主要是解决由谁来评的问题，它包括建立专门的评估机构，聘请有关教育部门管理人员、专家、学者等参加评估活动，培训有关的评估人员。方案准备的主要工作包括确定评估目标和评估对象，设计评估的表格和文件，解决为什么评和评什么的问题，设计评估的指标体系和标准体系，解决怎样评的问题；选择适当的量化处理方法，解决如何分析评估结果的问题。物质准备则是准备评估工作所需的办公设施及条件等。评估的过程既包括量化的教育测验，也包括定性的描述判断，在此基础上经过评估者的分析综合以后，做出某种价值判断，从而为改进建设工作提出指导性的建议。

（六）对评估管理的分析

评估管理包括与之相关的政策、条例和制度,对参与主体的评估教育和伦理教育,对评估结果的反馈与应用等,也包括对评估人员的评价技术管理和评价思想管理,同时对评估结果的使用也应纳入评估管理的有效范围。目前,我国有关高校高水平田径运动队建设评估的各项法规制度建设比较缺乏,各级学校管理部门自我评价作用发挥得不够完善,参与评估的主体的教育还不够。虽然教练员或学生运动员参与评估的意义已经得到重视,但是缺少相关的实践教育等,因而导致评估工作不能有效进行,评估作用发挥得不到保障。只有建立起明确、规范、有效的各项法规制度,才能有效地调动起所有评价因素的积极性,使评估工作更开放、更丰富、更易于实施。[①]

综上所述,构建高校高水平田径运动队建设评估体系,应充分考虑构成高校高水平田径运动队建设评估系统的上述要素或子系统。评估体系是一个有机的整体,每个要素和子系统不能单独发挥作用,缺少其中一个要素或子系统,就无法进行评估工作,或者不能进行有效的评价,达不到高校竞技体育发展的基本要求。同时,构成高校高水平田径运动队建设评估系统的要素或子系统又是相互联系、相互作用的。高校高水平田径运动队建设评估的对象不同,评估目的与要求不同,建立的评估指标体系就有所区别;评估指标体系不同,对评估的参与人员的要求也不同。高校高水平田径运动队建设评估

---

①汪琳,杨刚山. 上海市高校高水平田径运动员训练现状的研究[J]. 体育科技文献通报,2015(08):90-92.

系统中某一要素或子系统发生变化,其他要素与子系统也应作相应的调整,评估的功能与效果也随之变化。在整个评估体系中,评估指标体系的确立尤为重要。

三、高校高水平田径运动队建设评估指标体系构建策略

评估指标体系是评估工作的操作规程,它规定了"评估什么"。一般而言,评估指标本身对高水平田径运动队建设有导向作用,即评估什么指标,高校高水平田径运动队就会重视什么指标。因此,指标的确立和选择极为重要,不仅要求反映高校竞技体育的本质,选出典型的、客观的指标,而且还要注意辐射与导向作用。

(一)评估指标体系是高水平田径运动队建设评估目标的分解

评估指标体系不完善,会使得整个评估活动受到影响。目标总带有某种程度的原则性、抽象性和笼统性,因此,目标很难作为评估的依据。而评估指标正是对评估目标的一个方面的规定,它是具体的、可测量的、行为化和操作化的目标。具体地说,指标规定的内容是可以通过对客体的实际观察得出明确结论的。指标的这一性质是它成为评估的直接依据的重要原因,也是我们判断它能否成为一条特定指标的重要依据。与目标相比,指标通常具有更强的指挥定向作用。事实上,指标与目标的辩证关系决定:指标并不只消极地被目标规定,同时它也积极地规定着目标能否成为实际意义上的目标。从指标与目标的这一关系中可以看出科学地设计评估指标体系的重要性。所以评估指标体系是进行高校高水平田径运动队建设评估的具体化目标和依据,是构成评估目标的具体因素。

尽管评估指标与评估目标的关系十分密切,但两者之间还是有一定的区别,目标反映评估对象的全貌,带有一定程度的原则性、抽象性,并且比较稳定,不容易改变,而评估指标则是反映评估对象的局部,具有较高的具体性和实在性,并且可以在反映目标的前提下,根据不同时期的特点作适当的变动。

(二)确定"权重"

"权重"是指每一项评估指标在评估指标体系中的主次区分和重要程度。是在对评估对象的不同品质的作用进行权衡比较时的一种量上的区分判断,是对对象在活动时间和效能分配的合理性方面作的限定和导向。在现实中,对任何事物的认识,都不会把其不同的品质作等价的判定而不分主次轻重缓急。对同一事物的认识评估,由于不同的目的导向,同一指标也可以有不同的权重。在同一目的、同一对象的评估中,对诸评估指标权重的赋值准确与否,则是直接关系到能否客观准确地把握对象、能否实现评估目的、能否给对象发展给予正确导向的大问题,因此,确立高校高水平田径运动队建设评估指标体系对于各项指标"权重"的分配予以充分的重视。

(三)建立高校高水平田径运动队建设评估指标体系的条件

评估指标体系的确立一般应满足下列条件:①与目标的一致性:主要体现蕴含在系统内各条具体指标与目标的一致性。②直接可测性:指标所规定的内容是可通过实际观察加以直接测量以获得明确结论的。③系统内指标的相互独立性:指同级指标必须不相容。④指标系统的整体完备性:指标的全面性,它与独立性一起直接关系到指标体系的科学性。⑤可比性:指标必须反映被评估对象的共同属性以便于比较。⑥可接受性：符合教育发展的实际水平,按指标进行评估是可行的。①

确立高校高水平田径运动队建设评估指标体系,应当置于高校竞技体育发展目标之下,既可以更有效地实现高校学校体育教育的目的,尊重不同学段学生的生理和心理特征,还要能够体现学科教育的特点,同时也要满足社会对高校竞技体育的期望。由于竞技体育活动的长周期、有计划,与评估活动本身的随机即时性的矛盾,决定了高校高水平田径运动队建设评估指标应该具备易理解、可接受、非主观、能区别和相制约的可操作性特征。这就使得高校高水平田径运动队建设评估指标体系的建立成为一项较为复杂的系统工程,它一方面受制于其指标的特点、参评人员的认知角度和水平;另一方面则受制于方法的应用。

四、已有高校高水平田径运动队建设评估指标体系构成与内容分析

(一)2005年全国普通高校高水平运动队评估指标体系分析

为贯彻落实《关于进一步加强普通高等学校高水平运动队建设的意见》的精神,加强对普通高校高水平田径运动队建设宏观规划与指导,尽快提高学校运动训练水平,教育部于2005年组织开展了高校高水平条件运动队建设评估工作。评估方案根据《关于进一步加强普通高等学校高水平运动队建设的意见》的精神,从组织与领导、运动队管理、教练员队伍建设、

①颜晴.青海、西北师大第六届全国高师运动会中长跑项目竞赛成绩的分析研究[D].西宁:青海师范大学,2016.

条件保障、教学与训练效果5个方面对普通高等学校高水平田径运动队建设状况进行评估,评估指标体系见表5-10。

表5-10 2005年全国普通高校高水平田径运动队评估指标体系

一级指标	二级指标	主要观测点及评估内容	权重
组织与领导	校领导重视	有校级领导专门负责;定期召开会议(每年至少一次),专题研究高水平田径运动队建设的有关问题,并有完整的记录。评估时被评单位须提供有关材料	0.048
	组织机构	设有学校相关部门参加的专门机构;机构人员配备完备,有明确的分工及责任权限,有相应的规章制度。评估时核对文件材料	0.048
	发展规划	有符合学校实际情况的高水平田径运动队发展规划的专门文件,并有校领导批发的具体实施办法等。评估时核对文件、校领导批件	0.038
运动队管理	招生管理	严格遵守有关招生的政策,有相关的规章制度、处罚条例等管理文件,群众举报登记及相应处理备案材料齐全。评估时核对文件材料	0.038
	学籍管理	有专门为高水平田径运动员设立的学籍管理档案(包括个体化的培养方案、参加训练和比赛的有关规定、违纪行政处分规定、办理离校请假规定、住宿管理规定等)、历年招收高水平田径运动员名册以及报中国大学生体育协会注册等配套材料。评估时核对文件材料,评齐全率	0.038
	训练竞赛管理	有严谨、科学、规范的训练计划(包括多年、年度、阶段、周及课时计划)、训练比赛总结。评文件齐全率,并进行质量判定。运动员训练出勤率(优:85%以上。良:75%以上。中:60%以上。差:60%以下)。随机抽查学生训练日记,并与所任教练员课时计划核对,进行质量判定	0.038

一级指标	二级指标	主要观测点及评估内容	权重
	日常管理	高水平田径运动队配备有领队或辅导员;有完备的日常管理制度文件,包括训练比赛制度、补课制度、考试制度、晚自习制度、考勤制度等;有完整的伤病、事故、奖惩等记录。评文件齐全率	0.038
教练员队伍建设	编制与结构	有所申报专门项目的教练员队伍编制,人员配备齐全;教练员队伍知识结构、年龄结构、学历结构、职称结构合理	0.038
	建设与管理	有引进优秀教练员和特殊人才的相关优惠政策,有合理的教练员(教师)工作量计算办法,教练员业务档案健全;有教练员竞聘上岗、职称晋升和精神、物质奖励的相关文件等。评文件齐全率	0.038
	教练员素质	教练员政治可靠、作风正派、工作认真、责任心强、业绩突出、爱护运动员,评估时向学生发放问卷调查表,计问卷调查评估分。重视科研,不断提高科学训练水平并有一定的研究成果。评估人均学术成果(学术论文、学术报告文章、著作、编著和教材等)数量	0.038
	培训与提高	有提高教练员政治、业务素质的规划;对每一位教练员都有具体落实的培训方案和经费支持,对培训情况要有考核(考察)等文字记录材料。评估时核对文件材料等	0.038
条件保障	训练场馆设施	应有申报项目所需的训练场馆设施,保证高水平田径运动队训练需要。通过三方面进行评定:①各项目队有无训练场馆。②各项目队训练场馆是否固定(专门使用权)。③各项目队训练场馆能否满足训练要求。评齐全率	0.057
	训练辅助设施与设备	有保障运动员身体健康、运动恢复、医务监督的必要条件,如运动医疗保健室、运动康复器材,供运动队科学研究与使用的仪器设备等,评齐全率	0.048

一级指标	二级指标	主要观测点及评估内容	权重
	经费投入	有稳定的年度经费预算,保障运动员训练和比赛的需要。评人均经费额数(计算方法:当年总拨款数÷当年高水平运动队总人数),被评单位须出具有关证明材料	0.076
教学与训练效果	教学效果	高水平田径运动员遵守校纪校规,学习认真,作风良好,在学校中享有较好声誉,获得优秀学生奖、体育道德风尚奖、奖学金等多种奖项;高水平运动员达到95%的毕业率、85%学士学位获得率、一定的研究生入学率。被评单位须出具有关证明材料	0.095
	训练效果	高水平田径运动员训练刻苦,无重大运动伤病(或运动新伤),当前运动成绩与入学成绩相比有较大幅度提高;在国际性或全国性比赛中取得优异成绩和名次。被评单位须出具有关证明材料	0.143
	比赛成绩	评学校所申报项目在奥运会、世界大学生运动会和全国大学生运动会中的人均获奖分值。被评期为近3年。说明:①按比赛1~8名分8级,8级系数分别为12、9、7、5、4、3、2、1。②各级运动会获奖分值=人均获奖分值×运动会权重	0.143
总体印象(附加分)		通过5个方面进行综合测评:学校重视高水平田径运动队建设,教练员爱岗敬业,运动员文明礼貌朝气蓬勃,训练场馆干净卫生整洁,校园有良好的体育文化氛围	0.048

从表5-10中可以看出,2005年全国普通高校高水平田径运动队评估指标体系共设置一级指标5个,二级指标17个,附加分1项。从一级指标看,包括组织与领导、运动队管理、教练员队伍建设、条件保障、教学与训练效果5个方面,基本包含了高校高水平田径运动队建设影响因素的各个方面,具有以下特点。

1.年代特色

2005年正值北京奥运会的备战时期,本评估方案评估指标体系的内容突出了高校高水平田径运动队建设为国家"奥运争光计划"和竞技体育可持续发展作贡献以及提高教学与训练效果的指导思想。

2.具有较强的科学性和系统性

在本评估指标体系中,遵循了高校建设高水平田径运动队的客观规律和办队条件的基本要求。通过5个一级指标,充分反映了高校建设高水平田径运动队的核心内容和重要环节,17个二级指标能够比较系统、全面地反映高校建设高水平田径运动队的基本条件、运动队管理、教练员队伍建设的训练和教学效果的状态及水平,使评估指标体系具有普遍适用性。

3.注重发挥评估的导向与激励功能

本评估指标体系体现出普通高等学校高质量的人才管理、较丰富的体育设施资源和高科技水平的特点,发挥普通高等学校办高水平田径运动队的优势,加强文化素质教育和科技攻关服务。正确体现了高校高水平田径运动队建设发展的方向和趋势,并且在指标体系中给予较高的权重。

4.具有较强的可操作性

本评估指标体系设置简明易行、突出重点、定性与定量相结合,有较强的可测性和可操作性。

5.本评估方案重视高水平运动队在高校中的影响力

通过5个方面进行综合测评:学校重视高水平田径运动队建设,教练员爱岗敬业,运动员文明礼貌、朝气蓬勃,训练场馆干净卫生整洁,校园有良好的体育文化氛围。形成总体印象分。

（二）2010年全国普通高校高水平运动队评估指标体系设置情况分析

为进一步落实《中共中央国务院关于加强青少年体育增强青少年体质的意见》中提出的"进一步办好体育传统项目学校和高等学校高水平运动队,充分发挥其对群众性体育的示范带动作用"精神,进一步推动《关于进一步加强普通高等学校高水平运动队建设的意见》的实施,加强对普通高校高水平田径运动队建设的宏观规划与指导,建立健全定期进行检查与评估的机制,切实提高学校田径运动训练水平,保证普通高校高水平田径运动队建设工作科学、健康地发展。教育部在2010年开展了新一轮的全国普通高校高水平田径运动队建设的评审工作。

与2005年评估不同,本次评估分为两类:一类为"已批准学校"评估,评估对象为《关于做好2010年普通高校招收高水平运动员工作的通知》中所公布的234所招收高水平运动员的高等学校及运动项目。另一类为"新申请学校"评估,评估对象为新申请参加高水平运动队建设评估的高等本科学校,包括"234所学校"申请新增运动项目。

2010年高校高水平田径运动队"已批准学校"建设项目评估指标体系共设置一级指标6个,二级指标19个。一级指标的设置包括组织与领导、运动队管理、教练员队伍建设、条件保障、教学与训练效果、学校群体工作状况。评估重点是高水平田径运动队建设取得的主要成效和田径运动训练水平及比赛成绩;学校在加强运动员学习、训练、比赛、管理、医务监督和营养保障等方面的措施;在加大训练、比赛所需的场地、设施投入和加强教练员、科研人员队伍建设以及加大训练、比赛及科研经费保障和学校群体工作等方面的内容。这全面反映了"已批准学校"田径运动队建设的影响因素,引导高水平田径运动队建设的前进方向,督促"已批准学校"完善自身建设,并注重一定时期内田径运动队建设的成果,具有形成性评估和终结性评估的特点。

2010年高校高水平田径运动队从八个方面对"新申请学校"进行评估,其重点是学校领导对体育工作的重视程度,学生阳光体育运动开展情况,所申报的高水平田径运动项目学生参与程度与取得的各级比赛成绩以及训练设施、教练员队伍、管理制度、投入保障等方面是否达到评估基本条件等,属于典型的诊断性评估。纵观2010年高校高水平田径运动队评估指标体系内容,具备以下特点。

1.制定两类评估指标体系,加强分类评估与指导

2010年高校高水平田径运动队评估将评估对象分为两类:一类为"已批准学校",即为《关于做好2010年普通高校招收高水平运动员工作的通知》中所公布的234所招收高水平田径运动员的高等学校及运动项目;另一类为"新申请学校",即为"新申请学校"评估,评估对象为新申请参加高水平田径运动队建设评估的高等本科学校,包括"234所学校"申请新增田径运动项目。在此基础上构建了两套评估指标体系,评估类型多样化。重视"已批准学校"高水平田径运动队建设的过程与效果,综合形成性评估和总结性评估的特点,加强对"已批准学校"的指导。对于"新申请学校"评估,更加看重高水平田

径运动队建设的基本条件,具有诊断性评估的属性。

2.注重学校群众体育

在2010年高校高水平田径运动队评估工作中指出要进一步落实《中共中央国务院关于加强青少年体育增强青少年体质的意见》提出的"进一步办好体育传统项目学校和高等学校高水平运动队,充分发挥其对群众性体育的示范带动作用"精神。因此,在"已批准学校"和"新申请学校"的评估指标体系中都加入了"学校群众体育工作状况"的评估内容。

3.具有较强的科学性和系统性

2010年高校高水平田径运动队评估分类分层次,针对不同的评估对象制定更有针对性的评估指标,提高了评估的科学性。评估指标体系分别从组织领导、运动队管理、教练员队伍建设、条件保障、教学与训练效果、学校群体工作状况等方面系统地反映高校高水平田径运动队建设条件、建设过程和效果的基本要求。

4.可操作性较强,增加了定量评估

2010年与2005年开展的高水平田径运动队评估指标体系相比,指标项目增加了定量评估的数量,从而提高了评估的可操作性。除此之外,评估指标内涵更加简明,重点突出,有更强的可测性。

5.重视高水平田径运动队教学与训练效果

从该指标体系的权重分配可以明显地看出2010年高水平田径运动队评估更加重视田径运动队教学与训练效果,反映出高水平田径运动队评估的发展趋势:注重运动队建设效果,也为高校建设高水平田径运动队指明了下一阶段建设的重点方向。

（三）2005年与2010年高校高水平运动队评估指标体系对比分析

2005年,正值我国进入"北京奥运"的备战时期,举国上下都希望能为北京奥运会贡献出自己的力量。2005年的评估方案及评估指标体系的内容突出了高校高水平田径运动队建设为国家"奥运争光计划"和竞技体育可持续发展作贡献以及提高教学与训练效果的指导思想。

2008年北京奥运会成功召开,我国奥运健儿更是在奥运金牌榜上以51金、21银、28铜的骄人战绩首次登上奖牌榜首位。进入"后奥运时代",我国更加重视从一个体育大国向体育强国转变。2010年高校高水平田径运动队评估进一步落实了《中共中央国务院关于加强青少年体育增强青少年体质的意见》中提出的"进一步办好体育传统项目学校和高等学校高水平运动队,充分发挥其对群众性体育的示范带动作用"的精神。

1.评估类型

2010年高校高水平田径运动队评估指标体系针对"已批准学校"和"新申请学校"设置了两套评估指标体系。通过指标内容可看出"已批准学校"重点评估了一段时间内高校高水平田径运动队建设的过程与效果,综合了形成性评估和总结性评估的特点。相比之下,"新申请学校"重点评估高水平田径运动队建设的基本条件,具有诊断性评估的属性。2005年高校高水平田径运动队评估则用一套评估指标体系,综合评估高水平田径运动队建设条件和建设效果。其中既包括形成性评估,也包括总结性评估。

2.评估指标内容

2010年评估指标体系在设置上基本延续了2005年评估指标体系的内容，并在延续的基础上做了部分调整。从一级指标上看，2010年比2005年增加了"学校群体工作状况"，相应在二级指标上增加了"《国家学生体质健康标准》实施"和"学生群体性课外体育竞赛"两项，这样使整个指标体系突出了高校高水平田径运动队在高校群众体育中的示范作用，更加切合高校高水平田径运动队的建设目的。在其他二级指标设置上，将2005年中的"训练效果"全部替换为"参赛情况"，更加鲜明地区分了训练效果和比赛成绩。在主要观测点的设计上，对招生管理的评估增加了网上公布招生办法、招收项目和招收人数；在学籍管理方面，强调了"在校、在读、在训"运动员的比例；在日常管理中，删除了日常管理制度文件（比赛制度、补课制度、考试制度、晚自习制度、考勤制度等）；在更改的参赛情况方面，重点评估4年内参加的不同等级的比赛和次数；在比赛成绩的评估中，强调比赛的级别和获得的名次；在《国家学生体质健康标准》实施方面，设置了测试率、合格率和测试数据上报教育部三项观测点；学生群体性课外体育竞赛方面，从早操、课外体育活动、竞赛形成制度、阳光体育运动落实、学生体育俱乐部和学生体育协会覆盖面及学生参与率方面进行评估。除此之外，2010年评估没有设置总体印象（附加分）。

3.评估指标权重分配

无论是2005年高水平田径运动队评估还是2010年高水平田径运动队评估，教学与训练效果的权重都是最大的，并且从

2005年的0.333增加到0.500。其次,条件保障的权重都列第二位,分别是0.181和0.150。2010年评估因为加大了教学与训练效果的权重,因此在其他方面的权重都相应有所削减。在组织与领导方面,从2005年的0.134削减至2010年的0.050。在运动队管理和教练员队伍建设两方面的权重,都从2005年的0.152削减至0.100。2010年新增的学校群体工作状况赋予了0.100的权重。

4.存在问题分析

随着时间的推移,高校高水平田径运动队评价指标体系与细则都发生了相应的调整,整体趋势表现出更加完善化、科学化、合理化。高校高水平田径运动队建设目标是开展高校高水平田径运动队评估的依据,但建设目标总带有某种程度的原则性、抽象性和概括性。为了评估的可行性和科学性,就必须把概括表述的教育目标加以具体化。从本质上说,指标是目标的某一个方面,是被评客体属性有关内涵的分解,是具体的、可测的、行为化的和可操作的。但是,指标也只是目标的某一个方面,任何一项指标都只能反映目标的一个局部的侧面,不能反映目标的整体,只有系统化的、具有紧密联系的指标体系,才能够比较全面地反映客体有关目标的整体。从目标到指标,必须经过逐层分解,由总目标到不同层次的分级指标,这个过程就是建立指标系统的过程,这是一个复杂的系统。影响质量的因素是多方面和综合性的,既有内部因素,又有外部因素;既有主观因素,又有客观因素。它们相互联系,相互制约。制定的评估指标与评估目的是否相符合? 评估指标是否符合本单位运作的实际情况? 评估指标能否兼顾各类不同项目队伍的特殊情况？相关文件是否能清楚地说明评估操作程序？"培养体育人才"是否是普通高校高水平田径运动队建设的主要目标？"提高运动员运动等级"是否是普通高校高水平田径运动队建设的主要目标？"取得比赛成绩"是否是普通高校高水平田径运动队建设的主要目标？"引领高校群体运动发展"是否是普通高校高水平田径运动队建设的主要目标？评估指标各项内容之间是否独立且互不交叉？评估指标各项内容是否简洁、有代表性？评估指标的评分设计是否科学合理，具有可操作性？在思考以上问题时，我们必须认真分析这些影响因素，找出其中的关键环节，遵循高等学校自身的运行机制，按照教学规律，将科学性与思想性相统一，确定科学、合理的质量标准，建立高水平田径运动队评估指标体系，进行质量评估，并根据评估结果，有针对性地采取措施加以控制，从而确保人才培养质量。

五、高校高水平田径运动队建设评估指标体系设计的程序

科学的程序与技术是评估指标体系设计过程准确性、指标内容合理性的重要保证。结合教育类项目评估指标体系的设计程序，高水平田径运动队建设评估指标体系设计一般应包括如下步骤。

（一）拟定评估指标体系的初稿

指标体系的建立应遵循设计原则，即首先应将高水平田径运动队建设目标进行层层分解，分解为可以操作的具体指标，这样就可以获得一个初拟的指标体系。同时应该考虑到以下内容。

1.分类

高水平田径运动队建设评估指标体系是一个庞大的分类系统,必须按照一定的逻辑准则和分类标准将同质性对象归为一类。在分类时,最上一层是概括性最大、包容性最强的母概念,其次按一定标准将母概念分解成若干子概念,然后再将这若干个子概念按一定标准分解为若干亚子概念,直至分解为具有独立意义的、最小的、可操作的子概念为止。

2.层次性

指标体系之间具有等级层次关系,因此,必须将总目标分解成 3～4 个层级,而每一相同层级的概念就是一个等级。一般而言,层次越高的等级,内涵越丰富,概括性越大;层级越低的等级,内涵越单纯、越具体,越便于测量与操作。层级之间的关系:一是包容关系,即低层级概念包容在高层级概念中;二是等级关系,即低层级概念从属于高层级概念,并比高层级概念简单。

3.量化

分解的每项指标要尽可能做到量化,有一些指标难以量化或不能量化,则要采用准确的语言进行描述,使人们能够依据语言的描述而进行评估和判断。目标分解之后,对每一个指标进行等级标准的划分,如"办队绩效—教学效果"这一指标,学生运动员达到什么程度时为优秀,达到什么标准时属于良好,在什么标准下属于一般等,要给出明确的定义。

(二)逻辑分析,聚类分层

在初拟的指标与标准体系中,容易存在指标互相交叉重叠、相互包含矛盾、主次不分、因果不明、本末倒置等混乱局面,有的则不能反映评估对象的本质特征。因此,拟订指标与标准体系后,采用了专家问卷法(德尔菲法)和逻辑分析法等多种方法,对所有指标与标准作进一步的分析综合,以便取主舍次、去难存易、聚类分层、筛选淘汰,达到指标"少而精""简而要"的要求,以体现指标与标准体系设计的独立性、可接受性等原则。

(三)专家评判为评估指标体系提供了权威性

为了保证高校高水平田径运动队建设评估指标体系建立的动态性、发展性及可持续性,可对有关专家学者及有经验的评估人员进行访谈请教,讨论初稿中指标与标准的科学性、方向性、可操作性等诸方面的问题,并采用德尔菲法进行专家问卷调查。在评判指标体系的同时,可请专家们对每一指标的重要程度给予赋值,以确定每一指标的权重分配。最后根据专家意见进行整理汇编,统计分析,从而建立高校高水平田径运动队建设评估指标体系的理论框架。

(四)局部范围内进行有效性和可操作性检验

在专家评判以后,可将评估指标体系进行局部选点(北京地区部分大学)可操作性检验,实行边检验、边调整、边修改。依据评估指标体系制定临时评估方案,可以检验对评估指标体系的可操作性。对建立的高校高水平田径运动队建设评估指标体系的内容,可从评估的时段划分、评估参与的主体的形式、评估指标数据的统计方法与利用等方面进行实践检验。从中可以分析可行性的程度以及存在的问题,从而为进一步的修订提供实验方面的依据。选择检验学校时,要考虑到指标体系应用时所涉及的范围,包括现行、已通过和拟申报三种不同类型的学校。根据实验研究的结果,对评估的指标体系的内容和可操作性做出综合的修改和调整。

六、构建普通高校高水平田径运动队建设评估指标体系细则分析

通过前文对高校竞技体育的发展趋势进行逐层分析,可以明确高校高水平田径运动队建设发展的4个方向:①培养体育人才;②提高运动等级;③取得比赛成绩;④带动高校体育运动开展与提升水平。根据对以上普通高校高水平田径运动队建设的终极目标的整体分析,可以概括出构建评估指标体系细则的整体思路和主要依据。①

(一)组织领导

对于高校竞技体育而言,目前仍基本处于统一的管理模式。因此,学校领导的管理水平与重视程度是高水平田径运动队建设顺利实施的前提与保证。因此,按照管理学基本架构中的人、行为和职能、组织和制度、关系、评价5个方面因素将"组织领导"指标分解为3个大类、5个次类的等级标准。

1.校领导重视(有校领导专门负责;定期召开专题会议,学校有配套专项经费)

(1)校、院(系、部)两级管理体制,人员责任分工明确

领导对高水平田径运动队的重视,可以产生一系列积极效应。不但可以提升田径运动队与教务处、财务处、体育学院(系)等部门之间的协调性,而且可以增加队员与教练员对训练和比赛的积极性。当然领导在给予足够重视的前提下,各

①张蕊. 中美高校高水平田径运动队教练员管理现状比较研究[J]. 文体用品与科技,2015(12):16-18.

部门思想应该保持一致,逐步健全管理体制,提升各部门的协调能力,规定各级部门的管理权限,明晰管理职责及其相互关系的准则。因为对高校高水平田径运动队的管理,管理体制起着十分重要的作用。建立以二级学院为实施主体、学校分管校长统一管理的运动队管理体制,明确学校、二级学院管理机构职责。高校高水平田径运动队管理队伍应包括校、院(系)两级管理人员,包括学校的分管体育的校长、教务处的专职学籍管理人员、体育部以及运动员所在学院(系)的院长(主任)、辅导员等管理人员。一要考察管理队伍的责任分工是否明确;执行是否具有连续性和系统性;是不是严格执行相关的规章制度文件,严格的教学与训练管理。二要看这支队伍有没有服务意识,能不能做到以人为本。三要看管理人员在管理中形成的会议记录或调查报告情况。

(2)定期召开专题会议,年度配套专项经费

学校每学年度定期召开1~2次高水平运动队建设专题会议,参会人员应包括:学校分管该项工作的校长,职能部门负责人,院系管理人员和教练员、运动员代表参加,管理者应与运动队伍的一线参与者面对面接触交流,分析队伍在建设过程中遇到的问题,讨论解决方案与手段,并制定队伍未来建设的发展方向。评估时以评估周期内会议累积次数为依据,会议纪要为主要考察材料。学校在上级教育部门对高水平田径运动队建设额定拨款的基础上,按比例划拨专项经费用于该特殊项目建设使用。统计专项经费的时候,划拨经费数和学生运动员数要用同一时间段的,计算生均经费的时候,经费用的是年底的数,同时,应关注生均年度经费的增长情况。该项

经费的统计比较复杂,各个学校的情况也不尽相同,特别是专项业务费,必须是直接用于高水平田径运动队建设的费用,学生助奖学金、教练员进修费等都不能计入该项业务费用。

2.组织机构

(1)设立自评小组

学校自我评建工作是一项综合性、系统性工程,应有一个专门的领导机构组织实施。绝大多数院校的做法是:成立由党政领导和主要部门负责人组成的"评估工作领导小组",负责整个评建工作的组织和领导。下设由分管校领导为主任、指定的中层干部为副主任、专职或兼职人员为成员的"评建工作办公室",负责整个评建工作的具体运作。各院校可根据自己实际情况确定组织系统,但是在成员构成上必须包括教练员和运动员代表参加,只有这样才能充分调动运动队建设主体的积极性。

该机构的主要职责:①负责编制、实施高校高水平田径运动队运行自评计划书。要明确评建工作的目的意义、指导思想、基本原则、创建目标、主要任务、具体措施和激励方法等内容。将评建任务分解到具体部门和落实到每一个人,做到人人参与,个个争先。②对自评发现的问题和差距,提出完善措施。根据教育部《高水平运动队建设项目评审指标体系》逐条进行对照,摸清"家底",找出学校薄弱部分,列出目前未达标项目,制订整改计划,并按整改内容及时间进程要求进行整改。整改既要重视硬件,更要重视软件建设。③负责自评赋分,评定等级,自评结果的落实及编制自评报告。组织校内专家和干部、教师,按评估指标和观测点的权重系数进行分项自评赋分,并提出各二级指标的自评等级建议。形成自评结果汇总表和学校分项自评结果一览表(内容包括指标名称、自评等级、评定该等级的依据说明、证据或佐证资料目录等),在民主讨论的基础上,由学校党委或评估领导小组审定,最终形成学校的《自评报告》。

(2)自评总结上报材料规范完整

自评工作报告是对本校高水平田径运动队建设过程的总结和展示,而附件材料是证明实施过程落实和成果价值的重要材料,所以各个被评学校应本着实事求是、少而精的原则整理原始资料,体现针对性、原始性、真实性的特点,及时收集资料与报送有关情况,不得对原始材料和数据进行加工处理。同时,还要注重纸张及印刷要求,页面设置(Word排版)及装订要求,字体及正文要求以及附件材料的格式与编排要求。

3.发展规划(发展目标及规划符合学校实际)

发展规划是学校高水平田径运动队建设的一个顶层设计,对学校高水平田径运动队建设和发展是很重要的,是学校在长期办队过程中形成的,体现在学校的各项工作中。发展规划既会影响到运动队的宏观决策,更可能影响到运动队微观操作的效果。如果田径运动队的办队目标不够远大,田径运动队没有放眼国际的战略眼光,没有将办队的主要思想集中立足全国,缺乏将办队目标放在国际化战略的这种宏观把握,就形不成远大的格局,必然会影响到运动队的发展。而且目标不够远大必然打击教练员和运动员的积极性,降低他们训练的热情,对田径运动队的可持续发展也会造成一定的影响。在高校办高水平田径运动队是我国为了推动体育事业的发展而实施的一项战略决策,教育部、国家体育总局明确提出高校建设高水平运动队的目标是完成世界大学生运动会及国际、国内体育比赛的参赛任务,为国争光。所以明确的发展规划可以为高水平田径运动队提供清晰的指引方向,保证运动队能朝着正确的方向发展。

考察内容包括:校领导批件、会议记录、领导讲话及支撑材料等;教育改革信息;关于深化体育教学改革,提高教学质量的实施意见;关于加强高水平田径运动队建设工作,提高运动队竞技成绩的实施意见等。

(二)运动队管理

高校高水平田径运动队的成立,是在主管体育校长的统一领导下,成立由校办统筹,由教务处、财务处、学生处和体育学院等有关部门分类管理的,同时要组成专门的"高水平田径运动队领导小组",并通过班主任教师、文化课教师、教练员教师开展政治思想教育和生活管理、学习、训练比赛方面的工作。通过加强田径运动队管理规章制度建设,明确教学管理、学籍管理、训练管理(课程管理、考试管理、教材管理、课室管理等)各部门工作职责,并结合定性与定量综合评价方法,开展田径运动队管理方面的评估工作。

1.招生管理

招生是高校高水平田径运动队建设的重要环节。因为招生质量的好坏会直接影响到高水平田径运动队的建设。从目前各高校高水平田径运动队招生状况来看,招生形式主要有两种:一是单招;二是特招。除了个别重点高校外,一般高校招收高水平田径运动员的工作由省市招生办、省教育厅体卫艺处、有关项目高校等多方参与,按照国家政策规定来完成招生。我国的高校高水平田径运动员招生渠道呈现出多样化趋势,其中主要有三种形式:一是免试入学或挂靠学籍;二是特招;三是统招。通过资料分析我们不难看出,高水平田径运动员招生主要集中在省市专业运动队的二线队员(体校运动员)、有一定运动能力的高中毕业生以及体工队部分在役或退役运动员。而招生渠道直接决定了招生质量的主与次,从而在很大程度上制约高水平田径运动队的发展。

(1)严格遵守有关招生政策

高校高水平田径运动员统一招生工作,必须有专门机构进行系统调控。各高校应在遵循全国统一的资格标准的前提上,加强对运动员资格认证的工作,规范并公开招生程序。招生政策需在网上公布,主要内容为招收项目、招生办法、招收人数等,以及相应处理备案材料,群众举报登记等,材料应准确齐全。同时应对申报的运动员个人简况和运动竞技能力测试情况进行介绍,并通过学校专设网页提供信息发布、咨询以及反馈监控渠道。对于审核过程中确实违纪的申报人员应给予相应的处罚措施。考察内容包括:预览学校网站专属网页,查阅申报人员档案、举报登记和违纪处罚材料。

(2)相关的规章制度、处罚条例等管理文件齐全

高校负责招生的组织机构应对招生过程中学生与招生负责人的行为做出严格规定,尽量避免招生过程中学校为了招到优秀运动员而向运动员提供不正当的资助或利益诱惑,同时也防止学生向招生负责人提供利益,避免不正当竞争的产生。考察内容包括:查阅违纪处罚材料。

（3）省内外生源比例或固定生源单位

该项评估得分可以综合考虑学校高水平运动员招生"省内生源人数""省外生源人数""固定生源人数""总招生人数"的比值来确定。运动员是运动队的主要组成部分,运动员运动水平的高低直接影响到高水平运动队能否创造优异的成绩,能否完成为国家竞技体育可持续发展做贡献的任务。从招生范围来看,高校高水平田径运动队来源主要集中在本省的体校和普通高中。但是,无论是"省内为主、省外为辅"还是"内外平衡",归根结底是为了招到高水平的运动员,因此关键问题还是取决于招生质量的高低,招生范围也是为招生质量服务的,所以考核高校省内、外招生的数量,以保证招生质量,有助于提升高水平田径运动队员的整体竞技水平。

2.学籍管理

如何在高水平田径运动队员的学习和训练之间分配时间是很多学者经常讨论的话题,那么该如何确保足够的学习时间和训练时间呢? 二者的时间平衡就是当前解决高水平田径运动队学训冲突的最终目标。

高校的高水平田径运动队队员的身份要求他们在保证训练的同时,兼顾学习即"学训结合"。由于高校高水平田径运动员来自各个院系,高水平运动队就像一个"大熔炉",另外由于其中的成员所学专业不同,文化基础不一样,大多数高水平田径运动员入学基础比较差,所以在专业的选择上,大多是学校指定专业。因此,评估工作从三个方面着手。

（1）有专门的高水平田径运动员学籍管理档案

高校学籍档案管理的考核内容主要包括:学生的入学注

册、纪律考勤、成绩考核、升级与留级、降级转专业与转学休学、复学与退学、参训（赛）规定、毕业资格与授予学位资格的审核及证书发放，等等。

（2）招收高水平田径运动员历年的名册以及报中国大学生体育协会注册等配套材料齐全

运动员注册管理工作是体育主管部门实施决策的重要依据，是运动员科学化管理的需要和有序交流的有效措施，是规范竞赛秩序的前提。运动员注册后，体育部门在裁决运动员代表资格、归属、超龄等问题时，就可依据运动员信息，做到公平、公正、及时的裁决。

（3）"在校、在读、在训"运动员比例达到90%

无论高校对高水平田径运动员采用哪种管理方法，终极目标是保证学业和训练双丰收，即保证运动员不至于出现毕业时没有真才实学，而导致"空文凭"现象的出现。所以为了达到学训两不误的目的，高校高水平田径运动队应该对运动员"在校、在读、在训"的时间进行严格控制。此外，在制定或修订相关规定时还应充分考虑合理有效地利用起课余时间和节假日，在保证运动员训练激情的基础上，适当增加训练时间。

3.训练竞赛管理

管理是人类社会发展到一定阶段的必然产物，体育管理是管理学的重要内容之一。体育管理在体育活动中反映了人与人之间的关系，是一种社会现象。由此可见，运动队的管理是体育运动管理的重要组成部分。有效的管理可以确保运动队各成员发挥最大能力，合理有效利用现有各种资源。同样，对高校高水平田径运动队进行管理也是十分重要的工作。运动队是当前我国竞技体育组织系统中重要的基本单元,是组织实施运动训练的基层形式。所以基层形式的管理显得尤为重要。因此,评估工作从4个方面着手:第一,有严谨、科学、规范的训练、竞赛计划和总结。第二,训练时数达到10小时/周以上。第三,教练员、运动员训练笔记或日记编册入档。第四,设有伤病预防及应急预案。评估考察内容:训练检查与评估的材料、领导干部听课制度、听课记录、每年有关教学通报及处分决定等。要求归档的文件、材料的种类、份数以及原始记录的页数均应齐全完整。

4.特殊管理

与普通大学生相比,高校高水平田径运动员是一个特殊的群体。因此,应根据每所高校的教学需求和田径运动员身体发展特点,采用现代化的教学和管理方法,制定科学化、合理化和人性化的教学管理制度,并对每个阶段的教学质量和教学过程进行协调一致的调控。因此,评估工作从以下两个方面着手。

(1)高水平运动队伍需要专门配备专职辅导员、领队等,要有完整的事故、伤病等记录

领队是高水平运动队的高层次管理人员,他们对整个运动队起着模范带头作用。领队的职责不仅是要做好运动队的各种后勤保障工作,而且还要起到运动队内部各成员之间的桥梁作用(各种信息的上传下达),更重要的是他们的言行举止会对运动队成员起到深刻的影响。高校辅导员这个特殊的身份注定他们必须有足够的宏观把握能力去处理诸多有关运动队内外的事。如与上级的沟通、平行部门之间的沟通以及与

下级部门之间的沟通,都要求领队能及时了解和掌握各种信息,使运动队各项工作有序开展。所以加强辅导员的责任意识,势在必行,这也是增强高水平运动队内部管理工作的具体体现和保证高水平运动队良性运行的十分重要的工作之一。

(2)配备专门任课教师,采用专门的教学组织形式

根据运动员训练时间长、强度大、流动性强、年龄和文化水平参差不齐等特点,不断深化教育教学改革,努力改进教学的形式、内容和方法。采取集中面授与分散自学相结合、随队教学与个别辅导补课相结合等灵活多样的组织形式,实行分段教学、单科累进和长学制、学分制(包括不同院校间的学分共享)等弹性学习制度,允许运动员分阶段完成学业。改变教学内容过分强调学科体系和脱离运动员实际的状况,调整课程设置,增加社会人文科目和社会通用能力的内容。同时开发适用的教学软件,开展电化教育和计算机辅助教学,努力为运动员运用现代远程教育网络进行学习创造条件。

(三)教练员队伍建设

教练员是运动队管理工作的重要决策者,教练员也是训练过程的监督者与指导者。所以教练员在高水平运动队中具有举足轻重的地位。而教练员的执教水平等因素直接影响到运动队能否保持良性的发展。

教练员的学历代表了其接受正规教育的程度,是衡量一个人知识水平的标准之一。高学历的教练员,有相对深厚的理论功底,以及比较完善的知识结构,他们对训练有比较独到的见解,可以在训练深度、广度等多个层面上对运动员进行更详尽和科学的指导。所以,运动队应考虑多引进高学历的教练

员。与此同时,要在明确规范教练员相应制度以及明确教练员的责任和权利的基础上,组建起属于自己学校的具备体育竞技训练的经验、深厚的体育训练知识基础、实战经验和拥有比较强的组织能力的教练员团队,并加快教练员专业化、职业化的进程。

因此,评估工作应从以下三个方面着手:一是要考察训练管理工作,考察这个队伍是不是严格执行训练规章制度文件、严格的训练管理;二是要看这支队伍有没有服务意识,能不能做到以人为本;三是要看其研究的项目和研究成果。要看你的科研状况怎么样,特别是训练管理的研究状况怎么样,实施改革状况怎么样。

1.建设与管理

具体包括:第一,有引进优秀教练员和特殊人才优惠政策。第二,教练员工作量计算办法合理;教练员业务档案齐备。第三,有教练员竞争上岗、职称晋升和奖励相关文件。考察内容:归档的文件、材料的种类以及原始记录的页数均应齐全完整。

2.教练员素质

具体包括:第一,教练员政治可靠、工作认真、业绩突出、爱护运动员。第二,重视科研,人均学术成果(学术论文、学术报告文章、著作、编著和材料等)数量达1篇/年以上。该项评估得分可以综合考虑学校教练员所完成人均比值来分档评分确定。第三,学校成员担任在办项目裁判员的级别和数量。考察内容:调研或咨询报告、参与研究立项情况、发表的研究论文或专著情况、取得的成果和获奖情况。

3.培训与提高

随着竞技体育运动的迅速发展以及竞技体育事业的不断繁荣,时代赋予了教练员更多的责任与使命,同时对教练员的要求越来越高,不仅要求教练员拥有过硬的技术水平,而且越来越需要教练员具备横向与纵向学科知识以及众多交叉学科的知识。所以对教练员进行培训显得十分重要和必要。考察内容:有提高教练员素质的培养规划,培训方案、经费支持和考核材料完善。

(四)条件保障

场馆是运动员进行训练的场所,也是高水平田径运动队员进行训练必须具备的基础保障。有了基础保障,运动员才能安心地进行训练并保持竞技状态和竞技水平,从而保证运动员的训练成绩,进而保障运动队的荣誉。目前国内高校高水平田径运动队使用的主要是高校自己的场馆。虽然目前的训练设施和场地基本可以满足训练的需要,但是随着高水平田径运动队项目设置和人数的变化,训练场馆设施是否能适应高校高水平田径运动队的发展还有待考验。

1.训练场馆设施

具有专门的训练场馆设施,能够保障高水平运动队训练需要。

2.训练辅助设施

辅助训练设备齐全、完善,能够保障运动员身体健康、运动恢复、医务监督的需要。

3.经费投入

年度经费预算稳定,数额充足,能够满足运动员训练和比赛的需要;有一定的社会赞助(签署正式协议),人均经费额数每年达1.5万元。该项评估得分可以综合考虑学校高水平运动队所获得的"上级拨款""校内匹配""社会赞助"款项之间的人均比值来分档评分。

(五)办队绩效

1.教学效果

高水平运动员遵守校纪校规,学习认真、作风良好,在学校中享有很好的声誉,获得各种奖项(优秀学生奖、体育道德风尚奖、奖学金等)。高水平运动员达到95%的毕业率、85%的学士学位获得率。

2.训练效果

运动竞赛是竞技体育活动成果集中展现的主要平台,而运动员选材、运动训练、竞技体育管理则应服务于运动员成功参加竞赛并取得满意的运动成绩这一核心任务的实现。参加比赛实践,特别是高水平、高规格的比赛,不仅是对训练工作的检阅和促进,而且也是培养运动员拼搏进取精神,提高公平竞争能力的手段,是人才成长不可逾越的重要过程,是竞技教育过程不可缺少的部分。通过参加比赛可以调动教练员和运动员的积极性,保证训练效果及时得到展现。

因此,高校须完善现有的竞赛制度,多举办省内高校间的比赛,进一步与全国竞赛制度靠拢,发挥竞赛的各种功能。增加比赛次数,使训练与竞赛紧密结合,促进高校高水平田径运动队竞技水平的提高。所以,评估工作从以下四个方面着手:第一,人均参赛情况。该项评估得分可以综合考虑学校高水平运动队所参加的"国际比赛""国内比赛""省内比赛"次数的人均比值来分档评分。第二,人均比赛成绩。该项评估得分可以综合考虑学校高水平运动队所获得的"国际比赛成绩""国内比赛成绩""省内比赛成绩"之间的人均比值来分档评分。第三,运动等级晋升率。该项评估得分可以综合考虑学校高水平运动队所获得的"国际健将级""国家健将级""国家一级"运动员人数与运动队总人数之间的比值来分档评分。第四,人才输送率。该项评估得分可以综合考虑学校高水平运动队向"国家队""省市队""企事业单位"输送人数与运动队年度招生人数之间的比值来分档评分。

3. 社会声誉

高校之间的激烈赛事,可以吸引人们的目光,而且可以提升和扩大高校的影响力和知名度,这其实是借助高校大学生形成的群体优势以及其拥有的边际群体。将两者形成集团优势,进而保证比赛有足够的观众和保证比赛足够的"热度"。媒体也可以通过广告与比赛结合的方式,提升媒体知名度。应提高运动员整体水平保证观赏效果,增加比赛次数,使媒体相关人员乐意对高校体育比赛进行积极地报道或转播,如果这种新的筹集经费的方式能够取得效果,将可能成为缓解高校高水平田径运动队经费紧张的重要途径之一。

(六)校园体育文化建设

普通高等学校高水平田径运动队的建设是高等教育的有机组成部分,高水平田径运动队的发展可以加快校园文化建设的速度,引导好它可以成为校园文化建设的载体。高校高水平田径运动队代表着一个学校竞技水平的高低:一方面,一个学校竞技体育的水平甚至代表着该校的形象,所以它的社会影响力巨大;另一方面,随着现代传播技术的发展,竞技体育更是得到了前所未有的宣传和关注,已经成为人们日常生活的一部分,选修热门运动项目的学生日渐增多。高校高水平田径运动队对高校校园体育文化的社会学影响所蕴含的因素是多方面的,它对教育的作用是不可轻视的。因此,评估工作应从在办项目校级竞赛举办情况、在办项目网站建设情况和在办项目普通学生参与情况三个方面着手。

(七)附加项

新申报学校根据建设情况附加适当分数。该项评估得分可以综合考虑高水平田径运动队新申报学校的体育特色活动来分档评分。新申报学校必须有鲜明的特色项目,特色项目的标志:一是有区别于同类的特征;二是有明显高于同类的优势;三是有突出的实践效果;四是有应用、推广价值和示范作用。与此同时,新申报学校加分政策调整必须体现党的教育方针、体现国家政策、体现公平公正的总体要求,教育部门按照整体设计、统筹协调、平稳调整、分步实施的工作原则,从加分项目是否合理、加分分值是否合适、约束条件是否增加、监督管理如何加强4个方面,对新申报学校政策进行了系统梳理和认真评估,客观、全面地审视了现状及存在的问题。

七、评估指标权重系数的确定方法、主要步骤及分析说明

评估指标体系一般包括一级指标、二级指标和三级指标,有的甚至到四级指标。本研究包括一级、二级和三级指标。高水平运动队建设评估是一个综合评估,综合评估是对一个复杂系统的多个指标进行综合评价的特殊方法,它不是多个指标得分的简单相加,而是在掌握有关资料的基础上,将各种

有关因素的信息集中、分配主次、结合数理统计方法制定出恰当的评估模型,以便对评估对象的类别或优劣等级进行较为客观的判断。

为进行综合评定,在确定了高水平田径运动队建设评估指标体系后,需要对各级指标确定权重,由此形成权重体系。本部分内容主要阐述有关高水平运动队建设评估指标权重的确定过程以及综合评分方法。[①]

(一)确定评估指标权重的常用方法

1.权重的概念

权重,即权衡轻重。在指标体系评价中,某一指标的权重是指该指标在整体评价中的相对重要程度,因此权重是一个相对概念,是针对某一指标而言的。权重表示在评价过程中,对被评价对象的不同侧面重要程度的定量分配,是对各评价因子在总体评价中的作用进行区别对待。没有重点的评价就不算是客观的评价。比如,对学生学习成绩的评价,我们按平时成绩、期中成绩和期末成绩综合评定,如果认为这三部分的成绩重要程度相同,我们可以平均分配三个成绩的重要程度,则它们的权重各为1/3。如果认为期末成绩重要,平时和期中成绩次之,则平时、期中和期末成绩的权重可以分配为0.3、0.3、0.4,或者可以分配为0.25、0.25、0.50。某个指标的权重大,表明在指标体系中,该指标的重要程度大,影响程度也高。

2.确定权重的常用方法

确定权重的方法有很多,目前国内外关于评价指标权系数的确定方法有数十种之多,根据计算权系数时原始数据来源以及计算过程的不同,这些方法大致可分为三大类:一类为主观赋权法;一类为客观赋权法;一类为主客观综合集成赋权法。主观赋权法有层次分析法、专家调查法(德尔菲法)、模糊分析法、二项系数法、环比评分法、最小平方法;客观赋权法有最大熵技术法、主成分分析法、多目标规划法、拉开档次法、均方差法、变异系数法、最大离差法和简单关联函数法;主客观综合集成赋权法主要是将主观赋权法和客观赋权法结合在一起使用,从而充分利用各自的优点。

确定权重的方法主要有因子分析法、相关系数法、专家排序法、RSR法、德尔菲法、算术均数组合赋权法和连乘累积组合赋权法。用于确定指标权重的方法很多,归纳起来,有主观定权法和客观定权法两类。前者主要包括专家评分法、成对比较法等;后者主要包括模糊定权法、秩和比法、熵权法、相关系数法等。但不论哪一种方法所定权重分配有相对合理的一面,又有局限的一面,这主要表现为:定权带有一定的主观性,而且有不同方法确定的权重分配,可能不尽一致,这将导致权重分配的不确定性,最终可能导致评价结果的不确定性。因而在实际工作中,不论用哪种方法确定权重分配,都应当依赖于较为合理的专业解释。

(二)基于层次分析法构建高水平田径运动队建设评估指标权重

1.层次分析法的基本原理

所谓层次分析法,是指将一个复杂的多目标决策问题作为一个系统,将目标分解为多个目标或准则,进而分解为多指标

（或准则、约束）的若干层次,通过定性指标模糊量化方法算出层次单排序（权数）和总排序,以作为目标（多指标）、多方案优化决策的系统方法。

应用层次分析法解决问题的基本思路是:首先,把要解决的问题分层和序列化,即根据问题的性质和要实现的目标,将问题分为不同的组成因素,并将因素组合为聚类层次结构,遵循元素之间的相互影响和关系。其次,基于人们对客观现实的评估,给出模型中各个层次元素的相对重要性的定量表达,然后运用数学方法,确定每个级别上所有因素的相对重要性。最后,通过综合计算每个级别上元素相对重要性的权重,得出最低到最高相对重要性的组合权重,以此用作程序评估和选择的基础。

层次分析法将人们的思维过程和主观判断数学化,不仅简化了系统分析与计算工作,而且有助于决策者保持其思维过程和决策原则的一致性,对那些难以全部量化处理的复杂的问题,能得到比较满意的决策结果。

2.确定指标权重的步骤

层次分析法的五个步骤大体如下:第一,建立层次模型;第二,建立判断矩阵;第三,进行层次单排序;第四,进行层次总排序;第五,进行一致性检查。

（1）建立层次结构模型

根据上面分析的高水平田径运动队建设评估指标体系内容,将高水平运动队建设评估指标体系作为目标层（A）,表示解决问题的目的,即应用 AHP 所要达到的目标;组织建设、运动队管理、教练员队伍建设、条件保障、办队绩效和校园体育文化建设指标作为准则层(C),表示采用某种措施和政策来实现预定目标所涉及的中间环节;最后是方案层(P),是表示解决问题的措施或政策,这里将二级指标作为方案层。

（2）构造判断矩阵

层次分析法的信息基础主要是人们对每一层因素相对重要性给出的判断,这些判断用数值表示出来,形成的矩阵就是判断矩阵。判断矩阵是层次分析法的基础,构造判断矩阵是层次分析法的关键一步。判断矩阵表示针对上一层次某因素而言,本层次与之有关的各因素之间的相对重要性。在确定各指标相对于其上一层目标的相对重要性权重之前,首先引入判断两两指标相对重要性的判断尺度和评价规则。

采用专家调查法,聘请一定数量的专家,并向他们发放专家调查问卷,采用两两比较的办法,在数值1/9～9对C层各元素相对于A元素的重要程度进行评分。在该问卷中,左侧一列指标,右侧一列指标,同一行中如果是左侧指标比右侧指标重要,用9:1到2:1之间的比值评分;如果右侧指标比左侧指标重要,用1:2到1:9之间的比值评分;如果左侧指标和右侧指标一样重要,用1:1比值评分。即9:1～2:1分别表示左侧指标比右侧指标绝对重要(9:1)、强烈重要(7:1)、明显重要(5:1)、稍微重要(3:1)。1:2～1:9分别表示右侧指标比左侧指标绝对重要(1:9)强烈重要(1:7)、明显重要(1:5)、稍微重要(1:3)。

（3）计算一级指标权重,并进行一致性检验

使用MATLAB软件,对每一个判断矩阵,计算C层相对于A元素重要程度的判断矩阵的特征向量和最大特征值,并对矩

阵的一致性进行检验。检验结果,有5位专家的判断矩阵符合一致性要求,因此使用符合一致性要求的5个判断矩阵确定C层相对于A元素重要程度的权重。

第六章 高校高水平田径运动队发展策略

第一节 坚持高校高水平田径运动队的可持续发展

一、我国高校高水平田径运动队可持续发展的内涵

(一)可持续发展的概念

1.可持续发展的定义

可持续发展的主要含义,在于既要满足当代人的需求,又要不影响后代人的发展。从自然属性而言,就是要寻求一种生态系统的最佳状态和完整方式;从社会属性而言,就是在生存不超过整个生态系统涵容的前提下,提高人类的生活质量;从经济属性而言,就是在保证自然资源不受破坏的前提下,让经济发展利润最大化。

2.可持续发展的内涵

当前,世界各国都在追求一个共同目标——可持续发展。可持续发展成了21世纪人类发展的主旋律。可持续发展战略作为一个全新的理论体系,正在逐步形成和完善,其内涵与特征也引起了全球范围的广泛关注和探讨。各个学科从各自的角度对可持续发展进行了不同的阐述。可持续发展的内涵有两个最基本的方面,即发展与持续性,发展是前提,也是基础,

持续性是关键。没有发展,也就没有必要去讨论是否可持续;没有持续性,发展就将终止。可持续发展包含以下内容:①摆脱贫困,提高生活水平;②体现环境与发展的辩证关系;③从伦理角度提出代际公平概念;④代内公平是可持续发展的必要前提;⑤"高投入、高消耗、高污染"模式必须改变。

3.可持续发展思想的核心

可持续发展的核心包括两点:第一,"人与自然"的关系;第二,"人与人"的关系。要求人类自觉规范自己的行为,让人与自然、人与人能够和谐相处,使人类文明得以延续。

(二)高校高水平田径运动队可持续发展的概念

1.高校高水平田径运动队可持续发展的定义

通过对可持续发展内涵的研究,可将高校高水平田径运动队可持续发展定义为:在不破坏高校良性运行和不降低高校培养人才目标与协调发展的基础上建设的可以持续利用的具备竞技体育人才的普通的高校高水平田径运动队。

2.高校高水平田径运动队可持续发展的内涵

根据联合国环境署对"可持续发展"的内涵的理解,高校高水平田径运动队可持续发展的内涵所涉及的内容规定为以下几点。

(1)可持续发展的公平性内涵

人类需求和欲望的满足是发展的主要目标。当前,在高校高水平田径运动队的发展中还有较多的弊端,使得高校高水平田径运动队在发展中出现了较多的不公平现象。

(2)高校高水平田径运动队可持续发展的持续性

高校高水平田径运动队可持续发展的持续性的核心就是

高校高水平田径运动队可持续发展不能超越资源和高校的承载能力。

（3）高校高水平田径运动队可持续发展的共同性

高校高水平田径运动队可持续发展所体现的公平性和持续性原则是共同的。

3.高校高水平田径运动队可持续发展战略的基本思想

高校高水平田径运动队可持续发展涉及体制、管理、教练员、运动员、学训矛盾、竞赛、条件保障、科技等综合因素。它是一个立足于高校和竞技体育人才资源角度提出的关于高校高水平田径运动队长期发展的战略模式。这里特别强调高校承载能力和竞技体育人才永续利用对发展进程的重要性和必要性。它的基本思想主要包括以下两方面：第一，高校高水平田径运动队可持续发展的标志是高校体育竞技人才资源的永续利用与和谐的高校学习环境。高校高水平田径运动队的发展不能超越资源和高校的承载能力。它以人才资源为基础，同高校及社会环境相协调。高校高水平田径运动队可持续发展强调了发展是有限制条件的。要实现高校高水平田径运动队可持续发展，必须使大学生运动员每年的"进口"和"出口"两方面均衡、协调发展。第二，高校高水平田径运动队可持续发展的目标是谋求高校高水平田径运动队的全面进步。

4.高校高水平田径运动队可持续发展思想的核心

根据对可持续发展思想的核心理解，可将高校高水平田径运动队可持续发展核心思想的理解为正确规范两大基本关系：一是"人与高校"之间的关系；二是"人与人"之间的关系。"人与高校"之间的相互适应和协同进化是高校高水平田径运动队得以可持续发展的"外部条件"。要求人以高度的科学认知与道德责任感,自觉地规范自己的行为,创造一个和谐的高校竞技体育环境;而"人与人"之间的相互尊重、平等互利、互助互信、自律互律、共建共享高校高水平田径运动队及其当代发展不以危及后代的生存与发展为代价等,是普通高校高水平田径运动队得以延续的"内部根据性条件"。

5.高校高水平田径运动队可持续发展的外延

根据对高校高水平田径运动队可持续发展核心思想的理解,认为高校高水平田径运动队建设中的"外部条件"有教育部管理体制、竞赛体制、学校领导重视程度、运动员家长及社会人士对高校的支持和认可程度等。"内部条件"有教练员因素、运动员学习与训练因素、条件保障因素、运动员就业因素等。

二、我国高校高水平田径运动队可持续发展的对策研究

(一)教育主管部门制定高校高水平田径运动队发展战略规划

美国著名的教育学家乔治·凯勒认为,信息、质量和人员是保证大学战略规划有效性的三大关键要素。在复杂多变的社会环境中,"战略管理团队"更是战略管理过程中进行战略管理的"领头羊",单纯地依赖某一个领导或结构单一的团队是无法保证高校战略管理的效果和质量的。因此,为适应国际竞技体育发展的大潮流,各省市教育主管部门必须从封闭、传统、狭隘的思想中解放出来,渗透新的时代意识。我国各高校在招生政策、学籍管理、运动员专业学习管理、训练竞赛管理、思想政治管理、日常管理、学校经费投入、场地器材建设以及教练员队伍管理等方面都要有较大的突破,使高校高水平田径运动队的整体水平再上一个新的台阶。

(二)管理体制因素对策

实现"育人为本,区别对待"的管理模式。根据国外高校办队的成功经验,对运动员的文化学习实行"宽进严出"的政策。按照招生从宽的原则,使有运动天赋、确有发展潜力的运动员顺利进入高校。运动员在校期间,学校必须严格管理运动员的学习。运动员的学习统一由学校的学业管理部门负责;课程选择权集中在文化指导教师手中;运动员缺少必修课目,达不到规定的学分取消比赛的资格,不予毕业。

1.形成以大学生体育协会为主体的组织架构

随着国家对体育运动的管理协会化,建立健全全国性的大学生体育协会势在必行。通过大学生体育协会与各专项运动协会的横向联系,使大学生运动员的注册、审查、训练和比赛逐步走向规范化,保证大学赛场的纯洁性和公平性,完善与大学生运动员管理相关的法律法规,促进协会的实体化进程,最终建立起以大学生体育协会为主体的普通高校高水平田径运动队的组织管理构架。

2.招生管理

高校高水平田径运动队人员的变动就是每年新人的"进口"和毕业生的"出口",因此要切实做好每年运动员"进口"和"出口"两方面均衡、协调发展。"出口"不畅或"进口"减少,都会使高水平田径运动员培养体系出现"肠梗塞"。

3.自我管理

在高校田径运动队中建立运动员党团支部,让运动员自我管理。这方面的管理主要从加强运动员的思想政治教育入手。

(三)竞赛制度对策

根据我国的国情及我国普通高校竞技体育实际情况,充分利用体育社会化、市场化的契机,对我国普通高校有关高水平田径比赛进行赛制改革势在必行。比如改变过去固定的竞赛体制为多样的竞赛体制,以增加竞赛数量、提高竞赛质量、推动竞赛市场化。再比如把全国大学生田径锦标赛与中国青年锦标赛相结合、由大学生体育协会组成一支高校代表队参加全国运动会,这在一定程度上打破了高校竞技体育与国家竞技体育的不关联性,使高校高水平田径运动队与国内高水平的田径竞赛体制相接轨,有助于高校高水平田径运动队的发展。

(四)提高校领导的重视程度

校领导应善于抓好全局性的大事,统揽不包揽,突出重点、主攻难点、善抓热点、关注"基层第一线"。作为高校的领导人员,书记、校长和分管校长拥有学校内部的决策权。教育部门应督促各校的决策者对体育给予足够的重视,将各校的体育运动成绩纳入高校综合评估体系之中。

(五)致力于"大学品牌建设"

各普通高校要致力于"大学品牌建设",大学品牌能够增强大学的外部吸引力和内部凝聚力,代表着高校的办学定位、产品质量、价值理念、文化等,是大学社会地位的反映。品牌是大学的一种无形资产,构成了大学的一种软实力。

(六)提高教练员业务水平的对策

第一,打破教练员的任命制,建立高校高水平田径教练员聘用制,实行教练员责任制,允许聘任社会上优秀的田径教练员到高校执教。

第二,我国大学生体育协会应该出台一些政策或组织一些活动对教练员进行业务培训,尽快培养出一批水平高、能力强的田径教练员。可以采用定期培训、岗位培训、教练员等级制等方法加速教练员水平的提高。

第三,定期派田径教练员到体育强省有知名度的体育俱乐部参加交流活动,并可观摩俱乐部田径运动员的训练,或不定期组织田径教练员在允许的情况下观摩省市体工队或国家队田径运动员的训练,这可使高校田径教练员学习到新的训练理念、训练方法及提高自身训练的科学化水平。

第四,随着现代训练科学化进程的不断提高,对教练员的知识理论、执教水平、科学意志和文化素养也提出了更高的要求。教练员应努力学习,不断充实、提高自己,不断加深对项目特性的认识和提高训练的科学化。

第五,教练员在训练方法上应借鉴已有的方法和手段在遵循科学训练的前提下有所创新,找出适合运动员训练的方法和手段,有区别有针对性地对运动员进行训练才是提高运动成绩的根本所在。

第六,教练员在训练中适时的对运动员进行心理训练和心理调控是提高运动训练科学化水平的重要环节。

(七)"学训"矛盾对策

高校高水平田径运动员要完成训练和学习的双重任务,学训矛盾依然严峻。运动员的精力是有限的,为了保证训练和学习,应该对运动员的培养目标制定切实可行的方案。

第一，按所学专业基本的理论知识要求和从事本专业应具有的基本能力要求，明确专业文化标准和运动技术技能标准，保证运动员的培养质量。

第二，根据培养目标，设置科学的培养方案，突出本专业主干课程和普通课程的内容安排，采取半天学习、半天训练、弹性学分制的管理方式，并将训练学分纳入高水平运动员毕业要求学分中。

第三，建立运动员激励机制，对在比赛和学习中取得好成绩的学生进行奖励。

第四，向学生提供奖学金，同时进行资格限定，通过这种激励与制约的关系来调动学生运动员的学习热情，促进他们学习成绩的提高。

第五，针对招收的体工队青年运动员，可采取以下对策：首先，为方便教学，外省同一地区的运动员可规定只能选择同一个专业，本省体工队的运动员可在学校规定的、可选择的部分专业中任意选择自己喜欢的专业。其次，现阶段主要是学校派专业老师前往外省运动员所在地给予文化课补习，或运动员利用节假日时间和训练调整期到学校进行文化课学习；对招收的本省体工队青年运动员，利用业余时间来校听课学习。再次，如因训练时间和上课时间冲突，则由学校组织教师进行文化课补习。每学期期末考试时，运动员应与普通大学生一样在校进行期末考试。最后，限制竞赛资格与提供奖学金相结合，合理地引入激励大学生运动员学习和训练的机制，来缓解我国高校高水平田径运动队发展中运动员学习与训练的矛盾。

(八)就业出路对策

运动员就业作为高校高水平田径运动队人才"出口",对高校高水平田径运动队的可持续发展起着重要作用,高校这个"出口"的畅通与否将间接影响田径运动员在校的学习与训练的积极性,因此,应该寻求新的对策,创新大学生运动员培养途径,促进大学生运动员的全面发展,唯有这样,才有可能从根本上解决大学生运动员的就业问题。

高校作为一个培养体育人才的重要场所,培养"既有较高体育技能,又有较高文化水平"的"双高"人才的教育目标在社会上产生了很大的反响,整个社会都很关注以培养"双高"体育人才为教育目标的高校高水平运动员。社会对其培养出的"双高"人才也产生了很浓厚的兴趣,很多企事业单位愿意尝试接受这种新生产物,以期为本单位的发展带来良好的效果。

由于大学生田径运动员较体工队专业田径运动员有着较高的文化素养,有利于田径运动员提高对先进技术、先进训练方法手段的领悟能力;有利于帮助自己掌握必要的恢复性手段,特别是医学和生物学方面的措施;有利于运动员用理性来约束自己。因此,专业田径运动队可以每年从高校高水平田径运动员中有选择性地招收品学兼优、运动成绩突出的大学生运动员,使他们继续发挥自己的特长。

对那些在全国大型的比赛中给学校争得了较大荣誉的田径运动员,学校应制定具体的保送研究生实施办法,给品学兼优、运动成绩突出的运动员继续深造学习的机会。

为了拓宽高校高水平田径运动员就业的途径,还可以选拔合适的高水平田径运动员毕业生(硕士)充实到高校田径教练员队伍中去。

(九)培养模式对策

小学、中学、大学"一条龙"培养模式是当前我国高校试办高水平田径运动队的主要生源理念,也是培养体育后备人才的特色与根本所在,是我国高校高水平田径运动队今后发展的主流方向。现阶段,由于各高校在建设高水平田径运动队的过程中受较多因素的制约,高校还不能真正地建立起"一条龙"的培养模式,只能针对不同的需要,有计划、有目的的与中学携手开展各个阶段运动员的培养。

将办高水平田径运动队的长期目标与短期任务相结合,采取招收体工队青年运动员、体校学生和应届中学毕业生并重,重视高校竞技体育后备人才的培养。教育部门、体育部门及高校都应为在普通高校建立"一条龙"培养田径运动员模式而努力。争取在最短的时间内创造出完善、成熟的条件,使体工队青年运动员走向校园,成为真正意义上的大学生运动员,实现"在校、在读、在训"。

现阶段,普通高校可与体育强省具有一定知名度的体育俱乐部建立合作伙伴关系,这样就有更多的机会为学校输送优秀的田径运动员。如体育强省山东省的奥丁体育俱乐部组织的对抗赛主要就是面向高中及体校的在校体育特长生。

(十)经费筹集对策

高校高水平田径运动队训练是一项复杂的系统工程,训练经费是课余训练正常开展的物质基础,我国普通高校高水平田径运动队训练经费存在短缺的问题,我国普通高校田径运动队要上档次,培养真正的田径运动员,没有强大的经费作保障是行不通的。

目前,我国各高校要结合本校实际情况,适当增加对田径运动队训练经费的投入,政府财政部门应积极筹措资金,对我国普通高校特别是一些高水平田径运动队开展好的、运动成绩突出的高校划拨专项经费,并监督专项经费使用情况,确保专款专用。另外,高校要增强开发意识,充分开发本校体育资源,例如,提供大众体育服务等方式来增强自身的造血功能。

(十一)建立健全具体可行的鼓励及奖励措施

1.建立健全高水平田径运动员保送读研措施

应从以下三个方面对运动员进行评定:①所取得的运动成绩情况;②在校文化课成绩情况;③运动员的思想品德及自身修养情况。

2.建立健全高水平田径运动员学业成绩与竞赛成绩挂钩的措施

根据田径运动员在各级田径比赛中取得的不同的运动成绩、名次,以学年或学期为准给田径运动员各门课程加不同等级的分数,所加分数以10~40分范围为宜。加分对象为本科生田径运动员和研究生田径运动员。

或者根据运动员在各级田径比赛中取得的不同的运动成绩、名次,以学年或学期为运动员置换成一定的学分。

3.建立健全高水平田径运动员奖励措施

根据高校自身情况,应针对以下几方面制定具体可行的运动员奖励措施。

奖励对象:在省级以上的田径比赛中取得优异的运动成

绩,有较高觉悟,在校期间没有受过学校纪律处分的田径运动员。

奖励项目:对在国家教育部或各省教育厅组织举办的,或是委托大学生体育协会举办的有关田径比赛中获得优异成绩的田径运动员给予奖励。

奖励标准:根据田径运动员参加以下不同级别的田径比赛制度施行不同的奖励标准:世界大学生运动会、全国大学生运动会、全国大学生单项比赛、各省大学生运动会、各省大学生单项比赛等。

4.建立健全高水平田径教练员奖励措施

制定田径教练员的奖励措施可从以下几方面考虑:①比较运动员入学前与入学后的运动成绩,如有提高可给予一定程度的奖励;②根据不同级别的有关田径比赛划分不同程度的奖励标准;③根据运动员在田径比赛中取得的不同运动成绩划分不同程度的奖励标准;④根据教练员日常训练情况,如有无训练计划、出勤情况、运动员对教练员的满意程度情况等方面,给出不同的奖励标准。①

第二节 建立适合高校高水平田径运动队发展的制度体系

一、将高校高水平田径运动队纳入我国竞技体育发展规划

我国高校高水平田径运动队设立的目的就是要在大学生

---

①任晋军,郭兆霞.普通高校高水平运动队可持续发展研究[M].北京:北京体育大学出版社,2013.

中培养优秀的田径运动人才,具有强烈的竞技体育色彩。我国当前竞技体育的改革强调体育回归教育,作为教育系统举办的田径理应顺理成章地纳入竞技体育发展序列中。

将大学生体育协会业务归口在国家体育总局竞技体育司管理之下。目前作为我国普通高校高水平田径运动队直接管理机构的大学生体育协会,归口在国家体育总局群众体育司管理下。学校活跃校园文化的业余训练作为一般群众体育社团管理是当然的。普通高校高水平田径运动队承担着参加世界大学生运动会的任务,归口群众体育司等同一般体育社团有点错位。应将管理普通高校高水平田径运动队的管理组织归口国家体育总局竞技体育司,从管理体制上理顺关系。

国家体育总局竞技体育司和教育部体育卫生司联合成立一个长设性的机构,具体管理高校高水平田径运动队的运动训练和竞赛事务。既贯彻教育部的管理意图,又纳入我国竞技体育整体发展序列。

体育部门容许和鼓励高校高水平田径运动队组队参加全国性的体育竞赛,包括全国运动会及各单项体育竞赛。鼓励高校高水平田径运动队与省市田径运动队公平竞争。

国家体育总局及省、市体育局将高校高水平田径运动队的教练员培训、运动队发展规划纳入本地区竞技体育发展规划之中。

二、拓宽招收高水平田径运动员入口,多形式多渠道培养普通中、小学体育人才

奥林匹克精神是人类文明进步的重要体现,我们要继续弘扬团结、友谊、和平的奥林匹克精神,提高国家文化的软实力。

激发亿万人民的体育热情,在推动我国体育事业发展的同时继续发展群众体育事业;继续提高体育运动技术水平;继续推进体育改革创新,推动我国由体育大国向体育强国迈进。

无论从国家文化软实力的高度还是从发展群众体育、进一步提高体育运动技术水平、体育大国向体育强国迈进的具体目标分析,学校体育都是体育整体发展的基础,开展好学校体育既是大众健康的重要保证,也是未来进一步提高体育运动技术水平的前提条件。从未来发展角度,要维持和进一步提高体育运动技术水平,就必须依靠学校体育、竞技体育的全面发展。竞技体育学院化已经成为我国竞技体育发展的一种新趋势,普通高校应该审时度势,抓住先机,从招生抓起,立足于自己培养高水平田径运动队后备人才。我国"119工程项目"等基础项目实力的提升,仅仅依靠举国体制的力量显然是不够的,拥有良好的群众基础,是奥运基础大项取得突破的关键所在。发展基础体育项目就必须要求在制度上建立相应配套的政策措施,激发广大教师和学生的兴趣,建立适合中国教育规律的课余训练体系,最终形成"小学—中学—大学—职业队(专业队)—国家队"的以学校体育为基础的竞技体育人才培养体系,与举国体制互为依托、互相促进。

可以通过以下途径进行高水平运动队后备人才的培养。

(一)建立构建"一条龙"办学体系

通过以本校高水平运动人才培养训练为中心基地,由学校组成选才班子从全省各地的少儿中选拔有运动天赋的田径运动人才,将中、小学生运动员安置在本大学的附小、附中进行培养。这种体系有利于运动员小学、中学阶段的训练和文化知识的积累,打下良好的文化基础、保持训练的连续性。这种有目的地进行选材和培养的方式,给中小学拓宽了输送渠道,对保证高水平田径运动员具有一定的文化素质有一定的促进作用。

(二)普通高校成立竞技体育项目俱乐部

普通高校成立竞技体育项目俱乐部是指,从运动员初中阶段开始就与输送高水平田径运动员基地的中学合作,将其作为竞技体育后备人才进行培养。这些具有天赋的学生交费参加竞技体育俱乐部训练,自主选择知名教练进行指导。经过6年的中学的学习和系统的训练成材后,这些学生可以通过高水平田径运动队"特招",升入高校深造,或通过体育高考进入体育院校就读。高校通过成立竞技体育项目俱乐部,为高校有文化素质的高水平运动队的后备人才培养提供发展空间。

三、改革完善竞赛机制

竞赛是调动业余训练的主要手段,竞赛内容与形式在很大程度上起着引导、制约业余训练的方向的作用。我国普通高校高水平田径运动队参赛机会不多,目前大学体育的竞赛,除了4年一度的全国大学生运动会比赛形成一定的规模和影响外,其他比赛影响力都比较小,由于缺少有感召力的竞赛,大学校际间的竞赛活动不够活跃。要想提高大学生的竞技运动水平,应重视利用竞赛的杠杆作用,以赛促练,推动大学运动竞赛的发展。

由各招收高水平田径运动队的学校共同成立省招收高水平田径运动队学校的单项竞赛联盟,每年由各校轮流当东道主举行高水平田径运动队学校校际之间的单项比赛。

在全国大学生一年一届的单项锦标赛前,由各省市教育厅体卫处牵头一年一届的全省大学生田径单项锦标赛。

全运会、省运会设立高校高水平田径运动队组(即高校组),让高水平田径运动队招收学校的运动员有机会参加省运会比赛。通过竞赛为高水平田径运动员建立训练平台,有了每年的省一级以上的竞赛活动,可以有效地促进各高水平招收学校对运动训练的投入。

四、实行运动项目基地布局与建设

我国地域辽阔,自然环境差异较大,各竞技体育项目发展参差不齐,应结合地方体育传统优势选择办队项目,准确定位、精心选项,努力打造区域性的强队。教育部、省市教育厅主要是针对参加全国大学生运动会的高水平田径运动人才的定点布局,省市教育厅及高校体协应根据全国大学生运动会比赛项目有侧重的定点布局。即根据各省市、各校的教练人才、场地器材、传统优势等条件布局,同时也给招生高校自主选择留下一定空间。定点布局项目要在政策上给予倾斜,在经费上给予一定支持。

运动队(员)的管理可以采取分级制。分A、B、C级,A级:为可在参加全国大学生运动会和各单项协会举办的竞赛中获得名次的运动队或运动员,运动员水平达健将或接近健将;B级:为可作为参加全国大学生运动会和各单项协会举办的竞赛运动队(员),在省级的单项竞赛获得前3名,运动员水平为一级;C级:为可作为能参加全省大学生运动会和省体育局举办的各单项竞赛获得前6名的运动队或运动员,运动员水平为接近一级水平。建立不同级别的评价和考核标准,级别不同给予不同的政策倾斜和经费支持。定点项目布局有利于高水平运动员在高水平的教练员指导下训练,提高运动员竞技水平、有利于四年大学的系统的周期训练安排,使训练更加科学化;有利于减少教育主管部门对外参加比赛时集训的抽调人员的数量,减少不必要的经费开支。

五、以人为本,给运动员创造良好的学习环境

正确处理运动训练和学习之间的关系,给运动员创造一个宽松的学训环境尤为重要。可从运动员文化学习的管理机构和制度,以及管理方法上进行改革。

由主管校长负责、体育部协调运动员学习成绩。体育部与相关的各院系和教务处联系。高水平田径运动队单独编班,延长学制。采用完全学分制管理模式。运动员在校学习期间,不受学习年限制约,实行完全学分制,学分修满即毕业。为运动员创造良好的学习环境。教练员要督促和关心运动员的学习。学校安排有丰富教学经验的教师授课,利用组织周末或假期补课等方法帮助学生为将来能胜任相关专业的工作做好准备,而不是仅仅局限于缩短教学时数、考试加分等应急措施来让学生掌握所学的专业。学习和训练既对立又统一,解决好对立问题,那么两者就可相辅相成、相互促进。当运动员的学习问题解决好了,训练问题也就好解决了。大学文化氛围的潜移默化、耳濡目染,使得运动员发现问题、分析问题和解决问题的能力得到提高,反过来指导自己的训练,促进运动成绩的提高,而运动成绩提高又会激发学习激情。

六、打造一支高水平的教练员队伍

教练员水平在一定程度上决定了整支运动队水平的高低，没有一支优秀的教练员队伍，不可能有高水平的运动成绩。高校高水平田径运动队的教练员在文化素质、专业知识方面需要有扎实的基础，也需要有丰富的比赛经验与训练能力，要打造一支高水平教练员队伍，可以采用引进与培养相结合，培养为主引进为辅的原则。

高校内部选择具有教练员潜质的教师进行自我培养。中国大学生体育协会（大体协）所属各单项体协应每年定期举办"高校教练员进修班"，聘请优秀教练员讲课和观摩专业队的训练和比赛等以提高教练员的训练比赛能力。外聘和引进部分高水平教练员。有条件的学校可以有目的地通过外聘引进高水平教练员。加强教练员队伍专业化，实行训、教分离，以保证高校高水平田径运动队教练员能够专心训练、钻研业务、提高竞技训练水平和能力。建立健全教练激励机制。教育职能部门应该考虑解决教练员评职称的后顾之忧，出台一些政策性文件。可以把教练员带运动队（员）获得的比赛名次与他们的科研量及评聘职称挂钩，使那些有水平的教练员能够专心地抓训练。教练员作为运动训练的策划者和组织者，对高校高水平田径运动队发展起着核心作用，是高水平田径运动员进校后能否继续提高其运动成绩的关键。

七、促进训练经费投入，扩大资金来源渠道

经费投入是保障高校高水平田径运动队竞技水平提高的关键因素。要增加经费投入，就必须扩大资金渠道。

教育主管部门应加强政策执行力，督促学校对运动队的训

练经费投入。体育训练和体育竞赛需要相当数量的资金,主要靠学校给予财政拨款,这是经济基础的主要来源和重要保证。教育部门要重视高水平运动队的常规训练,按试办高水平运动队相关规定,高校要保证每年度生均投入5000元。加强法规文件方面的检查督促,使有权招收高水平运动员的高校,不仅仅是在招生时拿来即用,而且限定每生每人投入培养经费,并用到运动训练上。加大对没有执行高校高水平田径运动队经费规定的运动队的处理力度。

培养品牌田径运动队,充分挖掘和利用社会企业资源。抓好高水平运动队,树立一个品牌,不仅能提高高校的知名度,达到"花小钱办大事"的目的,而且可以以品牌田径运动队吸引社会赞助。山东大学每年有运动队训练和竞赛经费200多万,这笔经费主要来源于社会上的企业赞助,即社会企业出钱,高水平田径运动队比赛时冠企业名,为企业打广告,高校和企业以此达到互利互惠、共同发展的效果。

运用竞赛机制促使招生高校每年投入足够的训练经费用于训练。通过省市大体协举行一年一度的单项体育锦标赛,并规定特招高水平田径运动队学校必须参加,否则第一年将停止其招收高水平田径运动员的权利。有竞赛才有投入,有投入才有提高,运用政策和竞赛机制充分调动大学抓常规训练的积极性,既解决了经费问题也有利于大学生竞技能力的提高。

建立体育特招生保证金制度。向大学新招收的体育特长生收取保证金,要求体育特长生大学期间按要求参加规定训练、达到一定的运动成绩。按要求参加大学教育教学活动,达到学校学术要求正常毕业,保证金毕业时退还,否则,保证金不予退还。保证金制度不仅暂缓运动队经费问题,也通过给高水平运动员施加成才压力激发其训练和学习的动力,有利于促使运动员努力训练提高成绩。

八、关心支持高水平运动员的学业

评价一所大学办学结构是否合理、教学质量的高低,最直接的评价标准是看学生的就业情况。高水平运动员的就业可以作为高校办高水平田径运动队成功与否的重要评价指标之一。大学生运动员的就业问题也理应作为高校高水平田径运动队的主要工作。

(一)高水平田径运动队培养目标的改革

在我国竞技体育"举国体制"的现实情况下,高校应该更科学地确立其高水平田径运动队的目标定位。竞技体育的存在是由于其具有的观赏性,而在其观赏性后面隐藏的应是体育产业、观赏性自身蕴含的国家与民族精神。我国的体育产业的形成仍未得到完善,在竞技体育"举国体制"下,高校高水平田径运动队的办学目标仅仅定位于竞技体育与现实不符,竞技体育人才的培养主要归位于国家各级体委以及各体育专门学校。高校高水平田径运动队的办学目标应为普通大学生以及培养高素质的竞技体育训练的科研人员、高素质的体育文化产业经营管理人员、高素质的国家体育发展规划人员以及优秀的社会体育的实践者。

(二)教育培养改革

高校高水平田径运动员培养应实行专业文化学习与运动训练独立的学分制模式。但专业文化学习的要求与普通大学生一样,不能减少专业文化学习的课程内容、更不能降低专业文化学习的评价标准。同时在高水平田径运动队学生的教学培养计划内容制订方面,应适应其特点、突出其自身特色,特别是体育方面的特色。在能力培养方面,应积极引导高水平田径运动队的学生参与第二课堂的实践锻炼。如要求每位高水平田径运动员要参与相应的大学生体育社团组织,要在体育社团中从事业务指导、活动组织协调等,锻炼和提高高水平田径运动队学生的综合能力,为实现我国社会主义建设需要和竞技体育的腾飞、体育产业的发展、社会体育事业的进步而自觉成才。

(三)就业指导改革

要加强和改进高校就业就需要加强与用人单位的沟通,以争取更多的就业岗位;加强学校办学以及就业的宣传,提高高校高水平田径运动员的社会形象;加强毕业生的就业指导,调整学生的就业心态和期望值。高校毕业就业其实相当于产品营销过程中实施的拓展营销渠道、树立品牌形象和调整营销价格等策略,但这些措施无法改变毕业生"质量"这一核心问题。高水平田径运动员的就业指导改革应将重点放在为促使其科学做好职业生涯规划,培养自身的特色能力与提高自身核心竞争力上。多数高水平田径运动员进入大学的目的不是太明确,似乎只想拿个大学文凭,对毕业去向考虑不多。缺乏明确的学习和训练目标,也就失去了前进的动力。大多运动员由于文化功底差,又要兼顾训练,即使通过缩短学科教学时数、减少教学内容、考试加分等办法最终拿到毕业证和学位证,其文凭的"含金量"也已经缩水。高水平田径运动队毕业生多数脱离所学专业,凭借自己的运动技能去从事其他行业的工作,甚至一部分学生面临着失业的难题。这就在人才培养和经费方面造成很大浪费,违背了培养大学生运动员的目标要求。[①]

第三节 坚持走高校高水平田径运动队社会化发展道路

一、高校高水平田径运动队社会化内涵初探

(一)关于社会化与体育社会化的概念

社会化的研究源于西方的心理学界,后来引起了社会学者们热切的关注。1895年,德国社会学家齐美尔在题为《社会学的问题》一文中首次提出"社会化"这一概念来表示群体的形成过程。社会学研究领域,目前对于社会化的概念存在着多种不同的解释:社会化就是指一个人获得自己的人格和学会参与社会或群体的方法的社会互动过程;社会化是一个双向的过程,它一方面包括个体通过进入社会环境、社会体系,掌握社会经验,另一方面包括个体积极活动,积极介入社会环境,而对社会关系体系积极再现的过程;社会化是指社会对个人传授其文化或生活方式或生活模式与团体价值的过程;社会化就是指个体学习知识、技能和规范,取得社会生活的资格,发展自己的社会性的过程;社会化就是一个结构化的过程,个体对社会化所做出的贡献正如他从社会化所得到的同

---

①孙晶晶. 高校高水平田径运动队发展现状与对策研究[J]. 新商务周刊,2017(22):241.

样多,从那里便产生了"运算"和"协同运算"的相互依赖和同型性;社会化指的不是一个社会塑造人的单向过程,而是一个人们积极和其他人接触,并做出塑造他们自己生活和周围的生活界的决定的互动过程。

尽管上述对社会化的定义从表面上看各不相同,但其内容和性质,大致相同。即社会化就是一个人习得所在团体所赞成的社会行为以适应团体生活的过程,只是有些学者更加突出了个体在社会化过程中的主观能动性而已。因此,我们可以这样认为,社会化就是指个体从生物人发展成为社会人,不断认识社会、适应社会,从而形成发展和完善自己人格并积极作用于社会的过程。从某种意义上讲,社会化过程也就是社会角色的学习过程。

(二)高校高水平田径运动队社会化的内涵

1986年国家体委和国家教委在山东掖县联合召开了全国学校体育业余训练工作会议,会后下发了《关于普通高等学校试办招收高水平运动员工作的通知》。对数十年来试办工作进行调研的结果表明:自《关于普通高等学校试办招收高水平运动员工作的通知》下发以来,这项工作已呈现出勃勃生机,给普通高校体育工作注入了新的活力,取得的成绩令人瞩目。同时,调研结果也表明:在社会主义市场经济条件下,普通高校办高水平田径运动队,必须依靠社会,积极争取社会各方面的支持,这样才能使道路越走越宽,发展前景越来越广阔。这也是我们所要研究的实践基础。

《教育部、国家体育总局关于进一步加强普通高等学校高水平运动队建设的意见》文件指出:普通高校高水平运动队的目的是为国家培养全面发展的高水平体育人才,目标是完成世界大学生运动会及国际、国内重大体育比赛的参赛任务,为国家奥运争光计划和竞技体育可持续发展做贡献。普通高等学校应在坚持公益性原则的前提下,善于利用社会主义市场经济运作方式,为高水平运动队的建设和发展筹措资金。

综上所述,高校田径运动队应充分利用自身的优势,使高校高水平田径运动队更好地为国家培养全面发展高水平田径运动人才,争取在将来能够为竞技体育可持续发展做出贡献。为了达到这一目标,高校必须利用一切可以利用的社会资源,走社会化办队的道路,明确各参与高校高水平田径运动队建设的社会组织的责任、权利、义务。

二、高校高水平田径运动队社会化的重要性

认识高校高水平田径运动队社会化的重要性是开展本课题的前提,随着国内、国外大学竞技体育的广泛开展,"体教结合"以及高校办高水平运动队的重要性逐渐被人们所认识。普通高校办高水平田径运动队对大学有多方面的积极作用,成功的大学其竞技体育对学校的团结、忠诚、学校的荣誉以及学生的申请、招生和经费的增加都有重要意义。

(一)有助于提高我国田径竞技运动水平,推动竞技体育改革

竞技运动水平可以理解为两个层面,一个层面是竞技成绩,即赢得更多的比赛,创造更多的优异成绩;另一个层面则是拥有更多的水平较高的竞技体育人才。而开展高校高水平田径运动队对提高我国竞技运动水平有着十分重要的作用,这两个层面均对我国竞技运动水平的提升起了促进和强化作用。首先,开展大学田径竞技体育可以直接提高我国的整体的田径竞技运动水平,主要表现为大学的田径竞技体育代表国家参赛并取得较好成绩,来提高我国的田径竞技运动水平。其次,通过开展大学田径竞技运动为国家培养大量的较高水平的田径竞技体育人才,并以此为龙头带动中小学开展田径竞技体育的主动性,为我国体育系统和其他开展竞技体育的行业、企业输送竞技体育人才。普通高校办高水平运动队为国家培养了大量的竞技体育人才,近年来在全国大学生田径运动会上,每一届都有上百人达到并通过国家一级运动员的水平。

(二)有效地提高大学的声誉

高校办高水平田径运动队可以给学校带来竞争优势。根据资源理论,一所学校的资源可分为有形的和无形的,学校的声誉、学习氛围等是无形的,而教师、资产、教室、宿舍、设备是有形的。无形资源能促进有形资源的扩充和增加。而拥有一支高水平田径运动队对提高学校的声誉是十分经济、有效的手段之一,这提高了大学的声誉反过来又对大学的生存、竞争有着非常重要的作用,所以高校一般都很重视高水平田径运动队的成绩,尤其在美国、欧洲的大学内特别注重这一点。通过二十多年来我国普通高校试办高水平田径运动队的经历,我国的一些大学也逐步认识到了这一点,即发展大学竞技体育可有效地提高学校的声誉。

(三)有助于丰富校园文化,构建和谐校园

随着教育理念的更新,教育改革正向全方位推进,教育界和社会逐渐认识到教育改革不仅仅局限在专业设置、学科建设等方面,而且更应该关注学校的校园文化建设。因为一所

学校若想完成该校的教育目标,达到教育的目的,除了狠抓教学质量、完善专业设置外,还必须辅之以良好的校园文化,如优美的校园环境建设、丰富多彩的校园文化活动、良好的学习风气、鼓舞人心的校训、校歌等。学校只有把"硬件"的教学和"软件"的校园文化二者整合在一起才能够完成学校教育的目标。总体来说校园文化对完成学校的教育目标,提升学校的教学质量、优化学校管理等具有非常重要的作用。目前对于什么是校园文化还未形成一致的认识,如果用简单的语言来表达,校园文化就是指学校全体师生员工在长期的办学过程中逐步形成的并共同遵循的最高目标、价值标准、基本信念和行为规范。校园文化的建设在大学里非常重要,它能起到一种"潜移默化"的作用。如果高校办高水平田径运动队,对于高校的校园文化建设有重要的推动和促进作用。因为体育是文化的组成部分,是学校教育的重要内容。大学的体育教育不仅是技能的传授,更是对体育文化的传承和体育观念的养成。所以说,高校里的高水平田径运动队本身也是文化的一部分。而且高校高水平田径运动队也带动着相关的校园文化活动,比如啦啦队以及各种文体活动。大学通过开展竞技体育,举办各级、各类的校内和校际体育比赛,可以给教师、学生提供更多的观赏体育竞赛、参加体育竞赛的机会,增加了师生、生生之间的团结协作,给他们提供了思想交流的机会,从而丰富了校园文化生活,推动了校园文化建设,有助于构建和谐校园。

(四)推动学校和社会的联系以及学校课余体育活动的开展

高水平田径运动社会化能够推动学校和社会的联系,同时也推动学校课余体育活动的开展。高校高水平田径运动队办队模式可以看出,有两种都是与社会其他部门合作来办队,有些高校高水平田径运动队的合作企业同时也与该高校有业务往来,在科研、教学等方面也有着合作。

发展大学竞技体育对推动学校课余体育活动的开展主要体现在大学竞技体育的影响作用、榜样作用和它的辐射作用上。因为大学校园内有许多学生运动员,这些学生运动员代表着大学竞技体育,传递、散发着大学竞技体育的功能。学生运动员通过与大学内各个不同群体的交往,影响着别人的体育观,改变着别人喜爱体育的程度,引起别人的体育兴趣,带动着更多的人群参与体育活动,进行体育锻炼,从而推动着学校课余体育活动的开展。正是因为学生运动员与周围这么多的人群发生着关系,所以说学生运动员在推动学校课余体育活动方面有着积极的影响。①

三、高校办高水平田径运动队社会化的主要模式

(一)普通高校与企业(公司)或行业体协联合办队

这种模式是学校办队、企业(公司)或行业体协资助。经济效益较好的企业(公司)和行业体协愿意出资办好学校田径运动队,与学校签订协议,每年资助学校体育经费,主要用于运动员的训练补贴,购买运动服装、体育器材等。这种办队形式既解决了高校办队的经济困难,又发挥了高校自身力量。同时,运动员毕业后的工作有了可靠的保证。但这种形式没有形成长期、稳定的协议,多数仅仅局限于运动员参加比赛

---

①姚正武.高校高水平运动队企业赞助机制研究[M].北京:北京体育大学出版社,2017.

时,高校队挂企业(公司)或各行业体协的牌子,企业(公司)或行业体协赞助一定的比赛经费。随着体育社会化和商业化的深入人心,企业(公司)或行业体协和普通高校联合创立高校体育训练队是值得大力提倡和推广的。学生在校学习期间,既可代表本校参加比赛,又可代表赞助公司参加比赛。如西安邮电学院田经队就是和邮电体协联合办队的,邮电学院负责田径队队员在学校训练、学习和生活管理,邮电体协负责一切经费。运动员既可代表学校参加全国大学生运动会,又可代表邮电体协参加全运会。

(二)普通高校与体委联合办队

普通高校招收体工队队员入学,这些队员既是高校学生又是体工队队员,具有双重身份。以省市体委为主的运动训练体系是我国竞技体育发展的主力军,无论在人才培养方面,还是在训练条件、教练员水平等方面都有很好的效益。但也存在着不能更好地解决运动员文化学习的缺陷。学校解决运动员的文化学习问题,毕业后找工作也比较容易。多数青少年运动员不愿进省体工队而愿意进普通高校当大学生运动员,这一点确实是时代潮流,只有顺应时代潮流,才可能培养出更优秀的体育人才。教体结合办运动队既能发挥普通高校办学方面的优势,又能发挥体委在科学选材、运动训练、高水平教练员和良好的场地器材、医务监督等方面的优势。从这里可以看出,教体结合最大好处在于优势互补,调动各方面的积极性,共享利益,更好地创造优异成绩。北京、西安、上海、南京、天津等地区在普通高校与体委联合办高水平田径运动队方面做出了不错的成绩。教体联合办队经费来源有几个方面:学校拨款,与体委合作得到的经费,代表省市高教系统参加全国比赛得到的行政拨款,来自赞助和本队创收的自筹资金。

(三)普通高校依靠自身力量办队

普通高校组建一条龙体系,与本地区的一些体校或体育重点中学挂钩。从组队、人员编制、队伍管理到经费开支都由学校安排解决。如北京大学和北京大学附中、北京101中学、北京123中学、昌平二中建立了联系,北大为他们提供训练场所,提供部分训练经费和器材,这些学校尽量为北京大学输送思想品质好、学习合格、运动水平和运动成绩较高的学生。这种形式的优点在于使我国的田径竞技运动有了更加坚实广泛的群众基础,促使更多的孩子加入到田径的行列中来。从普及和提高的关系看,这是真正的普及,也是提高的基础。这种办队模式存在着运动员技术水平起步较低,不能马上用于大型比赛和训练比赛费用学校负担较重的问题。

(四)体育俱乐部

北京市大学生田径俱乐部是由高教局和市体委联合创立的。由高校抽调部分优秀教练员和体委部分教练员组成教练员队伍具体进行训练以期取得更好的成绩,田径俱乐部的大学生运动员分别来自不同的大学,他们在课余时间和假期到俱乐部集训。市体委在经费、教练、器材、服装等方面给予较大的投入,市教委除拨一定的经费外,将主要工作放在组织管理和协调各方面的工作上。俱乐部中的大学生运动员既可以代表学校参加大运会,又可代表北京市参加全国的比赛。

参考文献

[1]陈丹,陈娟,何淑娟.我国普通高校田径高水平运动队建设研究[J].内江科技,2013,34(03):97+61.

[2]戴旭阳.湖南省高校高水平田径运动员发展困境及对策研究[D].长沙:湖南师范大学,2015.

[3]丁玲.江苏省普通高校田径高水平运动员选拔机制的研究及对策[J].当代体育科技,2012,2(18):64-65.

[4]范传芳,葛庆焕.浅谈高校高水平运动队训练现状及启示——以高水平田径队为例[J].当代体育科技,2017,7(27):53-54.

[5]冯传诚.高校田径运动队建设管理与训练研究[M].北京:中国水利水电出版社,2013.

[6]关廷贤.江苏省高校高水平田径运动队现状调查与对策研究[D].扬州:扬州大学,2010.

[7]何芮雪.影响广东省高校高水平田径运动队发展因素的研究[D].广州:广州体育学院,2014.

[8]李凤琴.普通高校田径运动队训练与管理探索[M].北京:中国原子能出版社,2018.

[9]李学军,王彩平.山西省高校高水平田径运动队训练

调查与分析[J].运动,2017(24):29-30.

[10]丘广星.重庆市高校高水平田径运动队建设与发展的研究[D].重庆:重庆大学,2015.

[11]任晋军,郭兆霞.普通高校高水平运动队可持续发展研究[M].北京:北京体育大学出版社,2013.

[12]史衍.普通高校高水平运动队建设评估的偏差与优化[M].北京:北京体育大学出版社,2015.

[13]孙晶晶.高校高水平田径运动队发展现状与对策研究[J].新商务周刊,2017(22):241.

[14]谭祝平.普通高校运动队建设与管理研究[M].长春:东北师范大学出版社,2012.

[15]滕海宁.刍议高校田径中长跑高水平运动队现状与发展[J].文体用品与科技,2018(05):51-52.

[16]汪琳,杨刚山.上海市高校高水平田径运动员训练现状的研究[J].体育科技文献通报,2015(08):90-92.

[17]许翀.试论高校田径高水平运动队建设与发展研究[J].知识经济,2016(13):153.

[18]颜晴.青海、西北师大第六届全国高师运动会中长跑项目竞赛成绩的分析研究[D].西宁:青海师范大学,2016.

[19]姚正武.高校高水平运动队企业赞助机制研究[M].北京:北京体育大学出版社,2017.

[20]易述鲜.高校田径运动队训练管理研究与发展[M].北京:中国原子能出版社,2013.

[21]于振峰.我国普通高校高水平运动队建设过程中评估指标体系与方法研究[M].北京:高等教育出版社,2014.

[22]张春合.高校高水平运动队组办效益多元评价[M].北京:高等教育出版社,2016.

[23]张蕊.中美高校高水平田径运动队教练员管理现状比较研究[J].文体用品与科技,2015(12):16-18.

[24]周文军.我国普通高校高水平运动队发展动力研究[M].长沙:湖南师范大学出版社,2010.